人大学生创业故事

编　　著　中国人民大学创业学院
顾　　问　洪大用
主　　编　王小虎　周　荣
执行主编　陈　姚

中国人民大学出版社
· 北京 ·

图书在版编目（CIP）数据

人大学生创业故事/中国人民大学创业学院编著．—北京：中国人民大学出版社，2017.7
ISBN 978-7-300-24701-4

Ⅰ.①人… Ⅱ.①中… Ⅲ.①大学生-创业-案例 Ⅳ.①G647.38

中国版本图书馆CIP数据核字（2017）第155957号

人大学生创业故事

编　　著　中国人民大学创业学院
顾　　问　洪大用
主　　编　王小虎　周　荣
执行主编　陈　姚
Renda Xuesheng Chuangye Gushi

出版发行	中国人民大学出版社		
社　　址	北京中关村大街31号	**邮政编码**	100080
电　　话	010－62511242（总编室）		010－62511770（质管部）
	010－82501766（邮购部）		010－62514148（门市部）
	010－62515195（发行公司）		010－62515275（盗版举报）
网　　址	http://www.crup.com.cn		
	http://www.ttrnet.com(人大教研网）		
经　　销	新华书店		
印　　刷	北京瑞禾彩色印刷有限公司		
规　　格	170 mm×230 mm　16开本	**版　　次**	2017年7月第1版
印　　张	10.5插页2	**印　　次**	2017年7月第1次印刷
字　　数	109 000	**定　　价**	56.00元

编　委

编者按

当“创业”两个字与中国人民大学联系起来，你的脑海里会想到什么？

作为教育部首批创新创业教育试点院校和以人文社会科学为主的综合性研究型全国重点大学，中国人民大学始终高度重视创新创业教育，孕育着优良的创新创业基因。一大批中国人民大学毕业生组成的“人大创业系”，在多年的耕耘发展下已然枝繁叶茂。段永平、牛文文、刘强东等广为人知的创业人物，虎嗅网、YY语音、春雨医生、云海肴、小毛驴等被争相传颂的创业事迹，代表着一代代人大人高举创业的接力棒不断前行，也直接体现了学校创新创业教育成果。

自《国务院办公厅关于深化高等学校创新创业教育改革的实施意见》文件发布以来，中国人民大学高度重视，采取一系列有力措施深化创新创业教育改革，并于2015年6月正式揭牌成立创业学院，由校党委书记靳诺、校长刘伟担任顾问，副校长洪大用担任院长。学校以人才培养为中心，以创新促创业、寓创业于创新，贯彻“价值引领、能力培养和知识传授”“创业教育、创业训练和创业实践”“创新、创意和创业”三个“三位一体”工作理念，形成了结合校情、创造特色，将创新创业教育融入人才培养体系，以完善和丰富创新创业教育的内容和形式为重点，注重推进协同育人等特色经验，相关工作得到了上级部门和社会各界的广泛关注。2016 年，中国人民大学先后被评为首批全国创新创业典型经验高校和北京地区高校示范性创业中心。

所以，“中国人民大学” + “创业”，是一张亮丽的成绩单，是一部生动的交响曲，是一连串闪亮的名字，更是一系列动听的故事。

为了讲好“人大学生创业故事”，帮助在校学生和创业者树立正确的创业价值观、孕育积极向上的创业精神，创业学院尝试带领大家走近这样一群“人大人”。本书精选的这十六位人大学子，无论是否功成名就，都乐于给自己打上“创业”的标签。

母校给予了他们实事求是、求真务实的精神追求和意志品质，塑造了他们关注国计民生、服务社会发展的关怀意识和深刻洞察力，以及迎接新时代、挑战新问题的担当意识和创造能力。他们志存高远，脚踏实地，把梦想化作现实；他们艰苦奋斗，充满激情，把概念化作可能；面对过往的成功，他们不骄不躁、再次出发，面对曾经的失败，他们从容笑过、砥砺前行。而他们在创新创业大潮中的坚守与拼搏，也是中国人民大学始终奋斗在时代前列，与党和国家同呼吸、共命运的优良传统的充分体现，是“国民表率、社会栋梁”和“行为精英、心为平民”的最佳注解，不断丰富着“人大人”的时代内涵。2017 年，是中国人民大学的八十华诞，创业学院谨以此书记录这群人大学子的创业经历和心路历程，为我们伟大的母校献礼。

同时，本书还结合大学生创新创业过程中关心的问题进行了深度探讨，用故事的形式客观、理性地介绍创业过程，为当代大学生规划职业、创建事业提供一定程度的帮助，发挥创新创业教育的实践育人作用。在2016年12月召开的全国高校思想政治工作会议上，习近平总书记强调，高校立身之本在于立德树人。我们将继续坚持人大特色，把立德树人作为基本方针，把育人为本作为学校创新创业教育工作的根本追求，致力于实现“养报国之心、育创业之才”的目标，不断提高创新创业教育质量，做好全员、全过程、全方位育人的各项工作，发挥示范引领作用。

衷心祝愿每一个阅读本书并努力追逐梦想的年轻人都能够讲述好、记录好自己的“创业故事”，让“中国人民大学”+“创业”的内涵更加丰富，意义更加深远。

中国人民大学创业学院

2017年4月

目　录

人大学生创业故事　创

牛文文：

创业世界的邓布利多

人物名片：

牛文文

1984 级经济学系本科生

创业黑马创始人、董事长、黑马学院院长

在被创业者奉为“创业教父”的人里，可能极少数人的身份不是投资人，牛文文就是其中之一。他创办的黑马学院就像《哈利·波特》中的霍格沃茨魔法学校一样，已经成为那些有魔法的中国创业者们最向往的学府。而作为“邓布利多”，牛文文的梦想也从没离开过这群热血的年轻人，他希望把黑马学院打造成中国乃至世界最好的创业学院。

创业时代的推动者

1988 年是改革开放的第十年，是明确社会主义经济是“在公有制基础上的有计划的商品经济”的第四年。也是在这一年，国务院作出《关于深化科技体制改革若干问题的决定》，提出“鼓励科研机构和科技人员通过为社会创造财富和对科技进步做出贡献，来改善自身的工作条件和物质待遇”。当时还是中科院计算技术研究所助理研究员的柳传志创立了香港联想。这一年，牛文文刚刚从中国人民大学毕业，获得经济学学士。

1991 年是“八五”计划的第一年，深化改革的氛围日益浓厚。上海《解放日报》发表署名皇甫平的文章《扩大开放的意识要更强些》，指出不能再囿于“姓社还是姓资”。种种推进改革的动作都在为次年的邓小平视察南方打基础。在那之后，一批有意愿、有胆识的公务员和科技人员打破“铁饭碗”，到市场中搏杀。这些人包括陈东升、潘石屹、易小迪、冯仑等，他们后来被称为“92 派”。现在回头看，这是新中国第一次真正意义上的创业潮。这一年，牛文文从中共中央党校硕士毕业。第二年，他进入经济日报社，成为了一名记者。

2000 年，互联网已经在各个领域影响着人们的生活。这一年的 1 月 1 日，美国归来的李彦宏在中关村成立了百度；也是这一年，搜狐在美国纳斯达克证券市场上市。此前一年，马云拿着孙正义的投资成立了阿里巴巴。再之前的一年，马化腾成立了腾讯。这些如今统治中国互联网的巨头们，当时正在蹒跚学步。这一年，牛文文成为了《中国企业家》杂志的总编辑。

2008 年，全球金融危机爆发，但科技创业的萌芽也在悄然萌发。这一年 3 月，风靡一时的开心网上线，迅速成为白领社交领域的老大；7 月，1 号店上线，如今仍是网上超市的领军者；苹果 App Store 上线，成了日后众多 App 创业者最为理想的平台。这一年，牛文文离开了体制，放弃了很多人羡慕的副局级岗位，创办了《创业家》杂志。

2012 年，手机超越电脑成为第一大互联网终端，微信用户数突破 2 亿，“双 11”支付宝交易量破万亿，雷军和周鸿祎成了最受争议的偶像……创业的星星之火已成燎原之势。这一年，牛文文决定，其创业公司的业务重心由创业资讯平台转型成为一个创业服务机构。

2015 年 1 月，李克强总理考察深圳柴火创客空间，将创客比喻为经济“新引擎”。3 月的“两会”上，“创业”一词在政府工作报告中出现 13 次，为历年之冠。3 月 11 日，国务院办公厅印发《关于发展众创空间推进大众创新创业的指导意见》；5 月 4 日，又印发《关于深化高等学校创新创业教育改革的实施意见》……

中国创业者迎来了有史以来最好的时代，而牛文文和他的黑马学院也从时代的见证者变成了时代的推动者。

“纸媒已死”

从创业的第一天，牛文文就没打算只做一个传统的媒体平台，他要做中国的创业服务平台。“我不会再重复《中国企业家》的历史，我不做追星族，我要做‘星探’。”2010年9月，“黑马成长营”第一期开营；2011年6月，黑马大赛第一季举办；2012年4月，创业资讯平台——i黑马网上线；2013年年初，黑马会在深圳成立；2014年12月，黑马学院成立。牛文文的“黑马链条”正在一环一环地延长。

“我们这样一群草根媒体人，能不能干好创业服务业？”这是牛文文创业之初，看客对他发出的质疑，也是牛文文一直在问自己的。但无论如何，这一步必须要跨出来。尽管从事媒体20年，尽管仍深爱着传媒这个行业，但牛文文仍然喊出了这句话：“纸媒已死。”

“没有普通大众的参与，作为新闻媒体就没有一个庞大的市场。但微博现在可以是，因为互联网有三四亿人参与进来，微博变成表达平台，这才是媒体。”

在牛文文看来，过去传统的媒体模式是“美国人在100多年前发明的”，只要做好内容就可以卖广告。但谷歌出现后，依靠大数据就把广告做到了最好，这导致传统媒体的广告完全无效。“尤其是移动互联和电商加速了这一灭亡进程。”牛文文认为，当谷歌、百度、微博、微信出现之后，传统媒体的广告价值消失殆尽。

“传统媒体的整个产业链都遭到了解构。”——除了广告、发行，内容端更是遭到了无情肢解。当Facebook、微信等平台出现后，“任何人都获得了话语权，人家业内人士不比记者说得精辟吗？”

所以，2013年，牛文文决定终止关于杂志业务的合作，因为“每年花三四百万元做纸媒宣传也是浪费”。

一切都要为“黑马链条”服务。“一个员工必须会三种活——首先会看项目，其次会做黑马大赛服务，最后才是会写文章。”

传媒的运营方式也发生了质的改变。2013年8月15日，牛文文和酒仙网董事长郝鸿峰联合发起“转发送杂志”活动，仅用了 14 小时，转发量就超过了 10 万。送杂志当然是赔钱的，但酒仙网从中获得了巨大的广告效应，《创业家》也获得了 10 万目标读者的大数据储备。

如今，牛文文的称呼已经发生变化了。“叫我牛哥我最舒服，大部分人叫我老牛……我现在最大的一个变化就是，用创业的心态做创业家传媒——你要想做什么，就先变成什么。”

摆脱了文人心态，牛文文带领着“黑马链条”一路高歌猛进。2015 年公司更名为“创业黑马”，并完成股改，筹备登陆资本市场。截至 2016 年，“创业黑马”包括微博、微信、网站在内的媒体平台覆盖人群超过 500 万，是中国创投圈最有影响力的综合性媒体；截至 2016 年，黑马营累计学员超 1 064 人次，其中 5 家公司已经上市，66 家挂牌新三板。1.2 万名创始人组成的黑马会，是全中国最具活力和创新力的创业黑马商圈组织。2015 年一年时间，黑马社群共发生了 835 起融资，融资总金额达到 609.63 亿元，共有 33 家黑马企业登陆新三板，另有 15 家黑马企业被 BAT（百度公司、阿里巴巴集团、腾讯公司三大中国互联网公司的首字母缩写）等大买家并购、投资……

“巨头根本挡不住任何人”

牛文文的成功得益于他的敏锐，更得益于这个时代。“我了解的每家创业公司都在招人。对年轻人来说，央企进不去、公务员考不上，小的创业公司还是可以练练的。原来大家不愿意来，现在很有可能拿到期权和股份。这种中国合伙人和美式创业公司导致的风向，意味着谁都可以加入成为颠覆者的行业，很有可能是下一个亿万富翁。”

如果说 1992 年是中国的第一波创业浪潮，从 2008 年到现在的创业者应该赶上了第二波。不过，在牛文文看来，这两次创业潮的推动力并不相同。“1992 年更多的是释放被压抑的活力，所谓的‘92 派’是主流政界人士进入商界，而今天的创业浪潮是来自于技术和商业的驱动。”

在牛文文看来，过去 20 年，中国经历了三波商业革命。第一波是制造业的复兴，把廉价劳动力发挥到极致，成为世界工厂。接下来的一波发生在制造过剩之后，是把制造能力和消费能力对接起来的革命。BAT（百度公司、阿里巴巴集团、腾讯公司三大中国互联网公司的首字母缩写）加上京东是它的代表公司，它们是基于 PC（个人计算机）平台的。马云做的是零售，制造过剩后，提供一个去物流化、去门店化的低成本的销售；百度是推广，你想卖东西就需要在百度买关键词；腾讯做的是人跟人的关系，只有人跟人联系起来，才是统一市场。这种平台型的公司，差不多是 1999 年开始创立的，2008 年时已经成功了。而最新一轮，叫作“智能商业革命”，也可以叫“移动商业革命”，不摧毁基础商业的因素，但是让基础商业与人相联系。“按照马云的说法，移动互联网通过移动终端联结起来，所有的信息获取、娱乐、消费，都是在手机上。当 13 亿人，人人变成智能终端，他们和供应商们成为即时互动的社区，这就产生了颠覆性的力量。”

这种颠覆，为众多的创业者创造了机会。没有任何一个巨头可以垄断一切。任何小众的需求，都可以通过移动互联网集结成大市场，带来商机。与过去必须做到海量生产、海量用户不同，现在只要 100 万的粉丝和用户，就可以成就一个价值 30 亿元到 100 亿元的公司。移动互联时代把人群的兴趣打碎，实现了按需定制、按兴趣层分。“中国的商业进入限量版，再也没有卖牛仔裤卖 13 亿条才叫成功，门槛降到极低，只要精准地满足 100 万人的爱好就足够了。多样化的市场就可以养活更多的公司。”对于新一轮的“移动商业革命”，牛文文有着更多的期待与信心。

在他看来，巨头挡不住任何人，每一家创业企业都有着无限的可能。“比如说打车这件事，滴滴、快的解决了多少事？在技术革命面前，行政的垄断没有意义。商业垄断呢？腾讯又挡住了谁？我报道了一系列‘挑战腾讯的人’，他们都成功了。先是周鸿祎，360 成功了。再是 YY 语音李学凌。2012 年我做了陌陌的封面报道，面对微信的强压，陌陌居然也成功了。阿里巴巴很厉害吧，京东没挡住，聚美优品也没挡住，唯品会也没挡住，后面还有口袋购物。”

“什么时候中国社会能够更从容”

好的时代不代表人人都能创业成功，年轻的创业者需要大量的帮助，包括前辈的指引、同行的交流，以及投资人的钱。牛文文的“黑马链条”就在做这样的平台，让有前途的创业者获得尽可能多的资源。这也是为什么创业者都对参加黑马大赛充满了热情。

牛文文估计，中国每年能诞生 200 万创业者，但每年能在黑马大赛中胜出，并获选进入黑马营的，只有 200 人。“人变成创业者实际是非常惊险、艰难和伟大的一跳，这个难度好比猴子到人的进化，但是从（普通）人变成创业者我认为是更难的一步，并不是所有人都有机会在有生之年变成成功的创业者。”他认为创业是人与生俱来的一种权利和冲动。“我们有句口号叫作‘人人都是创业家’，你身上一定有这种基因，但是不知道什么时候会唤醒。国家的适龄劳动者做分母，能够开始创业并且持续创业的人做分子，这就是创业指数。为什么说（普通）人到创业者这一步难迈？就是因为不是所有的人都能做分子的。”牛文文做的，就是找到分子，为他们服务。

这门槛确实很高，但随之而来的，是跨过门槛后得到的回报。牛文文最爱举的例子是触控科技的陈昊芝。2010 年，陈昊芝患有轻度抑郁症，他先后参与创办的爱卡汽车网和译言网，一个因为融资问题而被出售，一个则遭遇关停。但牛文文就是看好他，让他加入了黑马营，还请来周鸿祎做他的创业导师。之后，陈昊芝成立了触控科技公司，率先在移动互联网上开发了一款游戏“捕鱼达人”。当该款游戏风靡全球之后，他又顺势建立了手机游戏分发平台。目前，触控科技每月收入已经过亿元。

这样激动人心的事例比比皆是，但面对跃跃欲试的年轻人，牛文文仍然希望他们能够冷静。比如，他告诉大学生，毕业时应该先找工作，再想创业。“我们毕竟不像 1975 年美国的硅谷，不是比尔·盖茨的年代，可以不念书了去创业，今天留给没毕业的大学生的创业机会我觉得不是很多。”

而关于创业的时机，牛文文认为，只要听从自己的内心就可以了。“我创业做了两年的准备，有一天我告诉自己必须开始了，否则再过几年就真的不想了。我必须成就心中的一个梦想，不管成和败。当这个念头一起，什么都拉不回来。创业没有被别人推的，从来都是自己驱动的。”

创业怎么开始呢？牛文文认为，最为重要的是要选择自己喜欢的、有点优势的行业和领域，并且要能判断做这件事能不能成功，要知道定义选择的那个行业的门槛和成功的标准。面对很多年轻人说要做 B2B（企业对企业的电子商务）、C2C（个人与个人之间的电子商务）的想法，牛文文认为这太过宏大。

创业的一开始需要创业者忘了创业，只去想从无到有去做一样东西。“创业第一步就是从无到有，之前没有人跟你做一样的东西。”而第二步就是找钱、找团队。牛文文说：“我觉得不管你做任何行业，没有 50 万就别考虑这个事儿。你随便雇一个人，哪怕是你妹妹，你不给她工资行吗？从第一天开始，不管有没有产品，你都得付工资。”在他看来，从创业那刻起，创业者就被层层契约和责任捆住了。一旦创业就没有八小时，因为创业者就是一个责任综合体，是责任最重的人。所以说，创业首先是套上枷锁。

牛文文认为，现在创业的年轻人，他们有想法、有个性、有素质，也有弱点。“跟我们每一代人的弱点一样，首先是中国人与生俱有的对空间和机会的过度渴求，充满了对出人头地的渴望。这有好的一面，比如吃苦耐劳的精神，不好的是功利心太强了，没有美式创业的优美、优雅。我觉得年轻人只有这个软肋，但也不怪他们，环境就是这个样子。什么时候中国社会能够更从容？”

马上就要 50 岁的牛文文，眼神里依然有着年轻人的冲动。这或许是因为，他每天一起共事的人，和他亲自挑选出的黑马，大多都是年轻人。牛文文与他的“黑马”正希望以一种“从容”的姿态穿越新一代的创业革命，迎接属于他们的明天。

刘月惠：

创业者是世界上最勇敢的人

人物名片：

刘月惠

1985 级国际金融系本科生

厚金名泰投资管理有限公司创始人

作为厚金名泰投资管理有限公司创始人，刘月惠 2015 年参加了中国人民大学学生职业生涯引领计划（LEAD 计划）第二期开营仪式。他担任几位学生的职业导师，帮助他们走进职场、完善个人职业规划。多年后重回校园，刘月惠挺高兴的："创业本身也是年轻人的事，以这个为依托，我可以跟孩子们多一些沟通。我也希望通过我的人生经历，让学生们提前感受创业的氛围、过程，判断自己适不适合这条路。"

金融不是我的第一志愿

和刘月惠交谈过程中，他反复重复的一句话是："人生不是完全由自己选择的，而是由一些零碎的事组成的。"他认为自己跟金融的过往，就是一场"机缘巧合"。1985 年，刘月惠从一所普通的中学毕业，考上了人大国际金融专业，本该高兴的事他却一点儿也高兴不起来，因为这个专业并不是刘月惠心之所向——他一心想报的是新闻专业，因为"整天背着相机跑来跑去，那种感觉挺好"，但最终没能如愿，被调剂到了金融专业。"当时在我的观念里，金融就是跟钱打交道，有'铜臭味'。那个时候都满怀壮志，想出来报效祖国。当时的舆论导向，没有提过（用）金融手段建设祖国。人们都不知道金融还能建设祖国，我也一样，就觉得这属于（有资本）实力阶层的东西，榨取剩余价值。那时真的不懂。"到了大学之后，刘月惠也曾想要转专业，但没换成。每次回想起大学时光，刘月惠总会感慨："我本质上不算是一个好学生，现在反过来看，却是歪打正着。也许人生免不了走些弯路，但好在生活终究会告诉你走的弯路（弯）在哪（里），为什么走。"

1989 年，刘月惠大学毕业，被分配到了家乡的中国银行河北省分行干业务，一干就是六年。"那时银行的金融工作和现在不同，你可以把它理解成出纳和会计的业务。我每天都在做一些很基础的工作，那时看单位的其他人就可以知道自己几十年后的样子——到时我可能是一个省行的处长，或者更好一些，也不过是再往上走一点。银行里都是程序性非常强的工作，而我的个性是不愿意受更多的束缚。”刘月惠的骨子里一直有股不怕输的劲儿，总觉得很多东西都有可能，总想要更好地改善生活。就这样，他开始了自己的第一次创业。

物质上我败了，经验上我赢了

1998 年，刘月惠听说一位人大校友有一批电脑设备要降价处理。“我觉得这个成本很低，可以拿过来以后做些什么。”也就在这时，他又从朋友那儿了解到证券营业部的相关情况。多年的行业经验让刘月惠有了创业的想法：“1999 年股票市场已经比较活跃了，属于金融行业当中比较有爆发力的行业。我就在想，是不是可以做与这个行业相关的业务。”选择这个时机，刘月惠也有其他充分的考虑。“我爱人当时是在银行工作，如果我不辞职，我俩的收入就是银行工资‘1+1’；那如果我出来的话就是‘1+X’了，至少有个‘1’的保障，不如拼一拼这个‘X’。”

1999 年，刘月惠毅然辞职，和当时的河北证券营业部合作，帮助其在辐射不到的地区（比如县/区）经营客户，为客户提供基础投资服务。经营初期，虽然也算是赶上了一波牛市的行情，效益还不错，但随着 2001—2005 年大熊市的到来，营业部的经营越发困难，作为延伸网点的灰色身份也始终有隐患。最终，刘月惠不得不将公司卖出，将客户和人员交接给了河北证券，第一次创业悄然而止。

这次创业没挣到什么钱，还背了不少“人情债”。谈到那个时候的压力与困境，刘月惠没有多余言辞，只说“确实是挺难的”。“那时孩子也小，压力当然有。但（仔细）想想，比我难的人更多。做证券的人，没几个是顺利的，都是前面‘死’了好几回的，忽然挣了几千万，忽然一夜全没了，这样的情况多的是。”刘月惠的语气举重若轻。但也正是经过这一次创业，刘月惠从低风险的以信用为主的银行固定业务，开始转向投资业务了。他开始学会通过股价来推断企业的价值，用投资的眼光来看问题。“这次创业从财务上来讲不合适，但它为我开启了另一扇门。我客户服务的经验、证券投资的能力，也在这时候建立了。”

这个体系给不了我更多了

第一次创业失败后，刘月惠没有马上动再创业的念头。“市场有时会给你机会，也会不给。2002 年没有行情和挣钱效应，再加上刚经历过一次失败，我知道不一定能轻易起来。所以决定先去券商做咨询，积累经验。”

刘月惠先到民族证券做财务分析，2005 年又来到中信银行。那时的银行业，已经开始从单纯的存贷业务向“存贷 + 理财投资”业务大步转型，也从过去松散的客户管理向精细管理转变。证券行业一直走在前面，刘月惠自然也就走在前面了。“到中信银行时我已经变成一个复合型人才了，这都是创业给我的。因为客户服务经验和意识很强，人际关系处理得还不错，零售、客户服务、理财慢慢都成为我的特长。”

很快，刘月惠被派到石家庄和平西路支行当行长。他把原先在证券和创业中做营销的经验都移植了过来，对客户服务的每个细节都不放过。每天，他要求银行门口的所有自行车都得摆放得整整齐齐。有时看到不整齐，就自己过去摆一摆。有一次他正在摆的时候被客户看到，客户二话不说就买了理财产品。“那客户说，得知我是行长还在干这个事，觉得我这么负责任，就信我。”平常刘月惠总在行里转，没事就给客户们讲讲理财知识。“我说买啥，大家就买，信任关系就这么建立了。”有一次国债发行，不少老人家当天早上五点就排队等候，刘月惠组织工作人员搬来行里所有的座位，准备好水杯等。结果那天中信银行系统出了问题，刘月惠支行的端口无法操作，一笔都没有交易成。老人们就各自走了，没有一个人多说一句。“因为我们平常的客户维护和那天现场的指挥和服务，都让他们真的能够谅解。”凭着这种周到服务，刘月惠的支行很快成为理财产品销售业绩最好的支行。

在这之后的日子，刘月惠又辗转到中信银行私人银行部、河北银行担任零售业务总监，从负责整个零售体系的搭建，到专注产品研发设计，工作经验越来越丰富，但刘月惠却一直还是想再创业。“每个人对自己有多重规划，有的人会想在本职工作中求发展，而像我，学历一直是本科，多年来凭的是实操层面的工作经验。在这个过程中也发现，好的银行本身自有体系，不好的地方你也不一定能改变。而我的个性和一些做法可能过于激进，也会和同僚甚至领导的想法有冲突。机会，是我一直在追逐的东西，我感觉这个体系已经给不了我更多东西了。要掌控未来，最好的方法还是让自己说了算。”2013 年，刘月惠决定再次创业，这时距其上次创业，已过十余载。

不是哪里挣钱投哪里，是哪里擅长投哪里

2013 年，刘月惠成立厚金名泰投资管理有限公司，初期主要是在熟人圈做一些资产管理。“在银行久了，我有一批自己的老客户，他们了解并信

任我的能力，愿意把资产交给我来做投资管理。其实这是反向募集的过程：有个项目不错，我建议你来买，买后投资收益率不错，下次再有什么项目人家还愿意来投资，就逐渐形成合伙关系。”两年以来，他有了一系列投资项目，如智泽惠通科技企业孵化器有限公司，主要为科技企业提供从发展模式、政策扶持、融资渠道、材料申报等全方位的服务，帮助企业尤其是创业企业轻资产经营、节约经营成本，快速成长；投资人大校友王歌红的互联网众筹机构“必帮众筹”，帮助其做一些资本层面的运作；此外，他还投资了一家负责影视剧中后期制作的影视传媒有限公司等。

刘月惠的投资方向看上去五花八门，但他心里有自己的标准：“在我看来，创投主要还是投人——这个团队的核心人是谁，他的资源是不是够，是什么样的个性，这都需要判断。其次才是具体项目执行的事。”在他看来，做投资个性化的东西更多，核心的东西是沟通能力和人脉，以及对企业的价值判断有一定的了解。

接下来，刘月惠又要成立一个新三板的股权投资基金。“有人觉得投资都是哪里挣钱投哪里，但其实不是，应该是哪里擅长投哪里。比如我，我觉得自己擅长股权投资，尤其是并购类了解更多些，所以以后会有意识地多做这块。”谈到这两年来创业的业绩如何，刘月惠说：“投资不是一进一出，所有东西都在运作中，业绩也没法追踪。至于这个事情能不能做成，成功到什么地步，也不好说，只能说我们已经起步了，也希望做得更好。”

创业需要有坚定的内心

随着自己的投资业务越来越大，刘月惠却觉得，自己的营销意识反而变差了：“不像以前爱和人接触，现在我在微信群也不说话，总觉得用一种直接的方式营销自己，不太喜欢。但还是想有机会和更多校友、学生在一起，资源结合。”

由于刘月惠的公司离人大很近，人大校友创投联合会就与刘月惠议定，在北京智泽惠通科技企业孵化器设立了创投会北京办公室，共同联谊、团结、聚合在京从事创投的人大校友。而刘月惠也接受母校学生就业创业指导中心邀请，参与到了人大学生职业生涯引领计划（LEAD 计划）中，担任导师。“其实这也是智泽惠通科技企业孵化器的项目之一。孵化器本来就是服务于创业，这样正好和学校有衔接。我希望让学生们提前感受到创业的氛围、过程，了解现在年轻人正在做的事，给他们多一个职业选择的方向——你是要从业去拿薪水，还是创业去拿资本收益，这需要自己选择。”

面对自己带的五个学生，刘月惠有许多话想说：“创业可以是一个理想，但是要付诸实施的话一定要做好准备。一是需要多读书，增强专业知识；二是心理上要有准备，这需要亲身经历才能体会。比如我告诉你应该买哪个股票，当你真把钱投在里面时，心态马上就变了。要做到投资失败了你认，真的认，认完了后还能有正确的决策。这种心态的成长需要长时间的积累。”

几十年来，刘月惠辗转于银行、证券、投资公司，无论是从业还是创业，他自认都走了不少弯路：“我每到一个单位，都没有想过要融入人家，领导、同事对我的感觉就是不安分、总想改变，这其实是一个失败的教训。其实我应该沉下心来先去适应这个体系，踏实做一些事，等别人看到了、认可了，再去改变，才能掌控局面；什么都没做就想改变这改变那，那就是德不配位。”

刘月惠觉得，无论“90 后”还是“60 后”，虽然面对的大环境不同，但在创业中要经历的心态成长是一样的，面对的人性的东西也是一样的，都要面对社会，都会经历挫折，只有吸取前人的经验，学会从人性的角度去想问题，才能抓到根子上去。“人生需要规划，但也不能被规划完全绑死。我说创业的人是最勇敢的人，是因为这整个阶段很锻炼人，不允许你有一丝杂念，只有全身心地投入才能做好。如果没有坚定的内心，一个很小的东西都可能打乱你。有些人不是一开始就有能力创业的，但有主宰自己命运的想法是好的。接下来就是两点：一是不服输，这种想法让你不会沉沦；二是做好准备，结果通常不会太糟。”

张 磊：

想陪好企业一起成长

人物名片:

张磊

1990级国际金融系本科生

高瓴资本集团创始人兼首席执行官

一直以来，张磊和他的高瓴资本一样低调，甚少出现在媒体视野之中。1972 年出生的他在 33 岁那年创立了高瓴资本，如今已成为亚洲以及世界最优秀的投资公司之一。相对于单纯的财务回报，张磊有更大的“理想”——发现和打造伟大的公司。

早期的创业生涯

张磊出生于河南省驻马店市，从小开始家里的藏书就比较多。爱读书的他高中时就把《资本论》读了两遍，这也许是其与金融的第一次结缘。中学老师眼中的张磊学习好、人缘好、组织能力强，口头表达能力也不错。1990 年，他以河南省高考状元的身份考入中国人民大学，学习国际金融。后来，张磊成功申请进入美国耶鲁大学继续学习，攻读工商管理和国际关系双硕士学位。

一直以来，张磊都有一个创业的梦，想自己做一些事情。早在耶鲁读书时期，他就有过一段不为人知的创业经历。刚刚进入 21 世纪，互联网第一次浪潮兴起，张磊也追随大潮，回到国内创业。他创建了一个网络平台，将国内的互联网创业项目与海外资本和投资基金联结起来。也就是在那个时候，他认识了李彦宏、马化腾等最早的一批互联网创业家。但随着 2001、2002 年时互联网泡沫的破灭，他的创业生涯也告一段落，返回耶鲁继续学业。也就是在这之后，他遇到了影响他一生的导师。

遇到导师大卫·史文森

有一天，张磊来到一座不起眼的维多利亚式老楼，参加耶鲁大学投资办公室的实习面试。也就是在这份实习工作中，他遇到了大卫·史文森先生。作为西方机构投资的教父，史文森曾闯荡华尔街 6 年，担任雷曼兄弟公司高级副总裁及所罗门兄弟公司企业融资合伙人，后回到耶鲁就职，开创了耶鲁捐赠基金的新时代。全球私募股权投资基金行业权威研究机构 PEI（Private Equity International）曾在全球 PE（Private Equity）业影响力百人榜中将其排为第二名。

对于这段经历，张磊曾在文章中回忆："我加入耶鲁投资办公室的时候，美国资本市场正如火如荼地上演着一场非理性繁荣的大戏。同学、朋友大多活跃于华尔街，从事衍生品投资等热门项目。而我的第一份任务，是分析无人关注的森林和其他实物资产。但正是这貌似简单的实物资产给了我关于投资产品本质的启蒙：风险及内生收益。现在想来，虽然少了那些在资本市场中摸爬滚打练来的立竿见影的招招式式，却树立了长期投资理念及风险管理的意识，并对投资的组织构架及资产配置有了更深刻的认识。"

史文森对投资有自己独到的判断，他投资眼光长远，最看重的是基金管理人本身的素质。他希望投那种坚定地知道自己做什么、具有长远格局、有企业家精神的基金经理。一旦对这个人充分信任，他就会放更多精力在这个人身上，给他十年甚至二十年的时间，并且不会像传统基金经理人一样去给这个人诸多限制。他的这些观念深刻影响了张磊，也最终奠定了张磊的投资价值观。

2002 年，史文森的著作《机构投资与基金管理的创新》中文版由张磊亲自翻译，并由中国人民大学出版社出版。

第一笔投资给了腾讯

从耶鲁毕业后，张磊在全球新兴市场投资基金工作过一段时间，主要负责南非、东南亚和中国的投资。此后被纽约证券交易所派回国内，担任首任中国首席代表，并创建了纽约证券交易所驻香港和北京办事处。在那个时候，他再次帮助很多中国公司，引荐它们去美国上市。虽然工作令人称羡，张磊却始终觉得自己的个性还是适合创业，自己做投资的想法也越来越强烈。

创建公司首先得着手融资，但就在这第一步，张磊经历了不小的波折：当他向美国传统投资机构融资时，对方认为他投资经历只有三四年，资历还不够。在屡屡碰壁的情况下，张磊依然坚持自己的初衷，最终决定回来找他的导师史文森。史文森对张磊的个性和能力非常了解和赞赏，因此第一笔就投给他 2 000 万美元，第二年又追加了 1 000 万美元。凭借着这些资金，张磊在 2005 年创立了高瓴资本。

经过仔细考察，张磊把高瓴资本的第一笔投资给了一家刚刚上市的公司，这家公司就是腾讯。结果当然是回报颇丰，这之后，高瓴资本的发展就一发不可收拾。

最好的商业模式、最好的企业家

从一开始，张磊的目标就很明确：要把高瓴资本做成一个“常青式基金”。首先，高瓴致力于打造“超长期”投资。总结来讲，第一点是把基金做成超长期结构的基金；第二点是所投公司和投资基金的理念要完全一致，找最好的公司长期持有，帮助企业家把最好的能力发挥出来。

“什么项目是最值得我投的？两个原则：最好的商业模式、最好的企业家。”张磊发现，在美国，很多公司的年复合收益率可以在 15 年以上甚至 20—30 年保持一个高速增长，这说明好的商业模式是可以带来长期的高复合年收益率的。张磊觉得，高瓴资本要做的，就是在中国找出哪些企业符合这样的商业模式，集中投资、长期持有。“如果找到一个好的商业模式和企业家，不管这个公司上不上市，我都该把钱给他；如果我判断了某个商业模式是好的，但在这个行业里没有找到一个企业在做的话，高瓴就会找到一个合适的企业家，说服他来做。”对于后一种情况，2008 年，高瓴资本就实践了这么一个案例。

2008 年，高瓴资本在消费品领域做了大量研究，发现了非常奇怪的一点——联合利华和宝洁当时在海外的所有日化产品中，有个品类占其市场份额最大，但在中国却根本没有这个品类——这就是洗衣液。高瓴资本就去跟宝洁和联合利华探讨，得到的答复是：宝洁和联合利华在世界各国发展多年，总结出一条规律——只有人均 GDP 超过 8 000 美元的时候，一个国家的洗衣行为才会从洗衣粉转向洗衣液。而当时中国人均 GDP 不到 5 000 美元，所以它们判断中国市场还没有准备好。但是张磊想到的是，中国一、二线城市和三、四线城市的消费层级差异非常大，不能按平均数来看。而数据显示当时国内人均 GDP 过 8 000 美元的人口基数已经超过 2 亿。张磊当时就判断，中国完全具备了做洗衣液的市场。

在试图说服宝洁和联合利华未果后，高瓴资本就在国内寻找合适的企业。这个过程并不顺利，因为开发新品类，就意味着从头再来，未来是不可知的；要投入也必然会影响现有盈利，必然有风险；并不是所有企业家都有这种破釜沉舟的魄力。辗转许久，他们找到了蓝月亮的创始人罗秋平。那个时候蓝月亮作为国内洗手液的老大，公司持续盈利，并且正准备上市。张磊就说服罗秋平他们进入洗衣液这个品类，这样蓝月亮很可能有机会成为中国的一个日化巨头。罗秋平本身就是理想主义者，一直都想做个真正的“好产品”，和高瓴资本可谓一拍即合。

于是，蓝月亮在高瓴资本的建议下改变战法，通过在自己的网站和百度百科上传洗衣液相关知识，配合优惠装等营销活动，着手开始教育消费者改变洗衣方式。2009 年开始，蓝月亮由盈利转为连续 3 年亏损。无论是高瓴资本还是罗秋平都始终毫不动摇，最终成功打开了中国洗衣液市场。时至今日，后来进入市场的宝洁的汰渍和联合利华的奥妙等品牌洗衣液加在一起的市场份额还没有蓝月亮高。张磊说：“当你帮助中国自己的民族品牌成长为行业巨头，会非常有成就感。我们非常乐意去发现和帮助蓝月亮这样的公司。”

“刘强东很真实”

2010 年，刘强东找到张磊，想要融资7 000万美元，张磊答：“你如果只要7 000万，我就不投了，要投就投 3 个亿。”他认定京东的商业模式本身就是需要烧钱的生意，否则无法形成核心竞争力。“其实我们当时已经想清楚要投什么商业模式，任何一个想干这件事的人，我们都想投，但就是找不到这样的人。选择刘强东，是因为他很真实。只有他直白地说，他就是要做自营电商、做供应链。所以我们就投了。”正是高瓴资本的这轮大手笔投资使京东在极短时间内迅速确立了在 B2C（商对客）电子商务领域不可撼动的领先优势。

张磊一直认为，投资者和创业者之间的关系就像夫妻，首要的是诚实。“现在大家都很忙，没有必要都不做自己，互相掩饰，这是浪费时间。高瓴资本一直以来依靠的是自己的研究能力。如果你真的欣赏我们给你带来的研究方面和战略决策上的附加价值，那你可以选择接受我们的投资。这是个双向自然选择的过程，要在最短的时间找到一个最合适的合作伙伴，诚实是一个最重要的条件。”

高瓴资本入资后的第二周，张磊就带着刘强东去了美国的沃尔玛总部。在这里刘强东全面了解了沃尔玛的物流网络和仓储系统，并很快在京东展开了供应链再造和物流渠道优化等进程。张磊还安排京东的管理层与其投资的其他优秀企业进行经营管理方面的交流，帮助京东团队学习线下零售的相关知识；也曾让蓝月亮与京东接洽，研究如何调整蓝月亮产品的外包装设计，以使其更容易装进京东的货运箱中。

对于给予企业意见和从中发挥作用的“度”，张磊一直不断摸索，小心把握。有时他觉得高瓴的团队介入企业太深的话，就会善意地给出提醒，要求只在战略大方向上去和企业探讨、给它帮助，对日常运营则要少插手。张磊认为，许多业务的诉求还是要从公司自身的角度出发，高瓴资本推荐的也未必是最合适它的。“父母包办的婚姻不是幸福的婚姻，还是自由恋爱的好。当企业家提出需求的时候，我们第一时间去帮助他，这才是最有效的。”

三个投资信条

对于高瓴资本的投资信条，张磊概括了三条：第一是“守正用奇”。“正”是投资的价值观要正，具有“大格局观”，更专注于自己企业可能创造的社会价值而不是短期经济利益；“用奇”则是指投资品类和形式上可以多样化，不给自己设条条框框，始终“投资于变化”。第二是“弱水三千，但取一瓢”。高瓴资本的团队选择投资对象时非常谨慎，他们会对企业家做比较长时间的考察，一旦选定则会充分信任，集中投资，长期持有。第三则是“桃李不言，下自成蹊”。他们相信只要好好做自己的事，自然有项目找上门。

说到高瓴的独特优势，便是其引以为傲的“研究能力”。高瓴资本的投研团队在互联网、消费零售、金融、医疗制药等行业钻研非常深。投研团队通过大量的基础研究和数据分析，研究这些行业在美国、日本、南美过去三十年分别是怎么发展的，再拿来和中国对比，评判他国经验有多少借鉴意义，并分析行业可能的发展趋势。同时，他们在研究企业时视角也比较广，会把线上线下放在一起研究，既不会把一个电商纯看成线上，也不会把零售商纯看成线下。“也是得益于我们的基金比较长期，这使得我们所有的研究员和投资团队没有短期的压力，可以更从容地去看待问题。”

“我们一直以来的原则是，投资人、基金管理人、被投企业三者的价值观一定是一致的，即都是保持着做超长期投资的态度，给长期的钱，做长期的事，赚取长期的复利增长。这三方一定要愿景一致，循环才能是良性的，一旦有一个环节是短视的，那整个生态系统就完了。”

始终保持好奇心

对于高瓴资本的未来计划，张磊给出的答案是："世界永恒不变的只有变化本身，变化催生创新，所以我们投资于变化。我们认为只有不断地迎接、拥抱创新，才能形成一种善意的价值创造，形成让蛋糕更大、开放共赢的局面。"

现在的张磊，常常从早上 7 点到晚上 11 点都在开会，讨论各种工作相关的问题，一有空就去跑步，锻炼身体。他也喜欢冒险性的运动，如滑板、滑雪等。他觉得做这行首先得身体好，因为这个行业瞬息万变，竞争大，压力也大。

在高瓴资本的员工眼中，张磊最大的性格特点是，他对这个世界有非常浓厚的好奇心。张磊对商业模式、对一个企业怎么运作、对什么是长期可持续的东西始终保有好奇。他喜欢花无数的时间去钻研这些事情，想这些问题，这是他最核心的原始动力。纯粹发自内心的好奇驱动，使他可以很专注，也可以帮助他做到注重长期利益。说到给其他创业者的建议，张磊希望的是，一要真实地做自己，二要确保动力在于自己的热爱而不是短期的利益。

至 2017 年，高瓴资本走过了十二个年头。在这个过程中，张磊不断自省，不断成熟，不断进步。他越来越有同理心，也越来越能够理解和包容这世上形形色色的人和事物。

对于高瓴资本的目标，张磊从来没有变过。他说，他要做一个好的"资本"，把好的资本再带给好的商业模式和好的企业家。现在他最希望的，是可以找到下一个好的商业模式，陪一个好的企业一起成长，打造能称得上"伟大"的企业。

汤雪梅：

单纯的人总会有福气

人物名片:

汤雪梅

1989 级人口研究所硕士研究生

数字 100 市场研究公司董事长

仲春的午后，窗外的暖暖阳光洒进来，溶净了这位创业女强人传说中的霸气，只留下那份独有的温厚可亲。“平时我在公司可是很厉害的哦！他们都怕我。”她笑了笑说。现在汤雪梅正在把手头的业务交给创业伙伴打理，生活的重心逐渐回归家庭。“你可是我‘退休’后第一个采访我的人，因为是母校的邀约嘛！”

最初好的，不一定笑到最后

离开人大二十多年，汤雪梅依然认为，考取中国人民大学是她个人命运的第一个节点。1989 年，在新疆大学念书的汤雪梅决定报考中国人民大学的硕士研究生。对汤雪梅这样一个在西部边疆长大的女生来说，这无疑是一个冒险的决定。最为稳妥的选择是考本校的研究生，最远不过兰州大学。北京还是有些太远了，身边的同学都不看好她的选择。

“我就是要考上看看。”二十出头的汤雪梅心底暗暗憋了一口气。父亲是少数支持她的人之一。汤雪梅的父亲是新疆生产建设兵团工一师的总工程师。在汤雪梅的记忆中，父亲总是鼓励她进取，鼓励她考研，鼓励她走出新疆。天道酬勤，汤雪梅顺利考取了中国人民大学人口统计学硕士研究生，来到了北京。

20 世纪 90 年代初，商业浪潮正席卷神州。《人民日报》记者凌志军曾这样写道：经商之风已蔚为壮观。人们不约而同地用“大海”来描述“市场”，无论官方还是民间，都把经商称为“下海”，没有谁会忘记这个激动人心的季节……他们不是辞职就是改行，不是当了董事长，就是当了总经理，再不就是公司顾问或者个体户。按照原国家人事部事后的估算，这一年辞职下海者有 12 万人，不辞职却又投身商业的人超过了 1 000 万！另外还有大约数以百万计的教师、学生和科技人员在经商。你可以想象，那些还没有“忙起来”的人心里是多么躁动不安。“眼看着别人纷纷兼职挣外快，心里着急啊。”北京大学一位研究生说，“看来在图书馆是坐不住了。”

汤雪梅的人口统计学专业当年一届招了七名硕士研究生。面对社会风潮，汤雪梅始终没有放下书本，她心里想：既然这么辛苦从新疆来到北京，那就不该辜负自己的初心。到毕业时，她是同学中唯一做到在国家一级期刊发表三篇论文的学生。这也是直到今天，依然令她骄傲的事。

1993 年，汤雪梅硕士研究生毕业。毕业后留京是绝大多数同学的梦想。按照专业对口原则，人口统计学硕士通常会去统计局或是一些体制内的事业单位。汤雪梅原本也考虑过走这条路，但孤身一人从新疆来到北京，没有任何可以倚仗的关系的汤雪梅发现留京不是那么容易。

要不要考博士？汤雪梅也想过继续深造。但在递交申请时，一位老师说：“你们这些外地来的学生啊，就是千方百计削尖脑袋想留在北京。”在当时的某些人眼里，外地生源的研究生攻读博士学位就是为了留在北京。

“我不考了！”汤雪梅觉得自己受到了侮辱。当年立志考研的那股拧劲又从她的身体里喷发了出来，就像四年前一样。她不相信不通过考博就不能在北京留下来。

事隔多年，汤雪梅回忆起这段校园岁月，感叹万分。她说，如果自己的性格不是那么倔强，忍一时之气，很可能还是会选择读博士的道路。最终，可能会跟大多数同学们一样，进入一家体制内的单位。

是冥冥之中命运的选择吗？汤雪梅更相信的是，一个人的性格决定了他在人生十字路口的决定。汤雪梅说："我给人大师弟师妹们的第一个建议是'看着好的，未必是后来好的'。沿着自己的路坚定走下去，才是最重要的。"

做事的时候，不要计较一时得失

正当为找工作焦急的时候，汤雪梅偶然翻开一张报纸，看到了上面一则招聘广告，是中国科学院旗下的一家私营企业——科智机器翻译公司。虽然专业不对口，汤雪梅依然准备去试试。

回顾自己的职业经历，这次就业是汤雪梅唯一一次没有提前规划的选择——纯粹是为了先找一个栖身之地。但老天终待她不薄，这家挂靠在中科院的企业在一年之后帮她解决了北京户口，而且给她打开了一扇通往信息技术世界的大门。

22 年后，汤雪梅感慨地说，"现在数字 100 在调查咨询行业里以追求技术著称。应该就是那时候打下的底子。我是从那时候开始认识到计算机和信息技术在未来的潜力。"

汤雪梅在这家公司做了 4 年，是业务标兵，手下也有了自己团队。但毕竟自己没有计算机专业背景，无法承担核心研发工作。汤雪梅发现自己遇到了职业"天花板"。

那个年代市场调查才刚刚兴起，汤雪梅因为研究生的专业是人口统计学，所以对调查也有些了解。当时汤雪梅家就在三元桥附近，所以她就托朋友帮她推荐一家调研公司，要求就是在三元桥附近的、离家三四公里之内的地方。后来，朋友推荐了零点调查，并把零点董事长袁岳的名片给了她。一个电话打过去，她竟然被顺利地录用了。

汤雪梅刚去零点调查的时候，那里的人很少。那是 1997 年初，刚好零点走了一批人，处于一种青黄不接的状态。当时总共招了四个新人，去了之后就给了她们每人一个项目独立负责，全部自己做，没有老人带。在没有经过多少培训，几乎什么都不知道的情况下，汤雪梅就开始了全面负责的项目经理的工作，全靠自己摸爬滚打、自己琢磨。从设计问卷开始，包括访问员培训、采购礼品、打电话复核、数据分析、报告撰写等所有工作环节都要亲力亲为。

汤雪梅回忆，那段时间，心里随时惦记着工作，晚上常常睡不着觉。孩子刚刚两岁就在托儿所住宿。也就是在这样的努力下，她做的项目客户的满意度都很高，大部分的客户都成为回头客。她很快成为部门经理，后来又升到副总。在零点工作四年以后，汤雪梅因为业务能力强，又对公司非常的忠诚，顺理成章地被提拔为总裁。

对于这段经历，汤雪梅很坦率。她说，自己能在比较短的时间里从新员工升任总裁，除了自己工作格外努力，一个重要原因是自己性格比较单纯。

因为董事长袁岳的个人名气，零点调查的名声很大，但待遇在业内却相对不高。用汤雪梅的话说，自己做到总裁，一个月的薪水跟外企的部门经理差不多。于是，公司的一些骨干力量纷纷出走。汤雪梅也有这样的机会，但一心扑在工作上的她，坚持留了下来。

如今想来，如果汤雪梅也如同事一样，为了高薪出走外企，恐怕是很难能有今天的天地。“在外企，你可能会负责一个具体的领域，但很难有做到总裁的机会。”而总裁对全局的把控能力对汤雪梅最后的创业至关重要。最近，汤雪梅做了一件因“单纯”在行业里热议的事。她的一位副总要离职创业，汤雪梅不但不反对，反而主动给这位副总的公司投资。事实上，几年前，这位副总就表达了创业的想法。汤雪梅告诉他，如果要创业，必须把销售、财务等一系列业务搞熟悉才有把握。这几年，汤雪梅着意让他负责不同的业务，加以锻炼。当这位副总觉得条件成熟后，汤雪梅爽快地支持他自立门户："他的公司能专注一些数字 100 无暇关注的领域。我成人之美，何乐而不为。何况，我也是他公司的小股东呢。"

汤雪梅给师弟师妹们的第二个建议就是"单纯"：做事的时候，人尽量单纯一些，不要太计较一时的得失。

创业没有想象中那么难

汤雪梅在零点做了三年的总裁。第一年是最困难的时期，用她的话说，"连主持全公司的电视电话会都要从头学起"。

经过几年工作中的观察，汤雪梅认为，零点是一家老板个人风格浓厚，但组织架构上还有不足的公司。公司的很多问题都在靠董事长袁岳的个人魅力解决。作为总裁，汤雪梅决心让这家公司更加现代化。

一接手零点总裁的工作，汤雪梅就开始在公司推行各项改革措施。从市场的战略定位，到内部的结构调整、工作流程，再到人员效绩评估管理体系及规章制度等，这些改革"使零点公司有了一个流程性的改变，在管理上上了一个台阶"。用调查行业所习惯的数据来表示汤雪梅改革的成果，那就是：公司两年后的销售额增长了 20%，成本降低 10%，利润增长 30%；根据盖洛普 Q12 法则所做的调查显示，员工满意度从 51% 上升到 90%。

在一切都很顺利的情况下，2004 年，汤雪梅做出了一个令众人瞠目的决定：辞职。

汤雪梅说，这个决定源于一种危机感。自己升到总裁的职位，已没有成长空间。只可能将来被成长起来的年轻人取代。她经常想以后怎么办？汤雪梅决定把命运掌握在自己手里。2004 年的元旦刚过，汤雪梅就向零点集团的老板袁岳递上了一纸辞呈，挥手离开了她担任了三年的总裁职位。汤雪梅带着创业激情，和朋友合伙投资 100 万元创办了数字 100 市场研究公司。

虽然从长远的职业规划来看，这似乎是一个必然选择。但抛下知名公司总裁的光环重新出发，无疑是一次冒险：过去，汤雪梅是高校讲座的常客，现在，邀约的电话都没了声息；过去，手下管着一帮调查的熟手，现在，刚毕业的应届生也对她的新公司前景表示怀疑；过去，总裁汤雪梅给出一项任务，自然有人具体执行，现在，要靠自己和合伙人忙前忙后，初期的公司注册、买办公用品、选办公地点，连招聘都得自己做；过去，别人求着汤雪梅做业务，现在，她要自己求人家给业务。

在公司刚刚起步的时候，汤雪梅和合伙人面对面坐着，相互鼓励对方，放下面子，拿着电话拉业务。汤雪梅像业务员一样和同事一起去谈单，不是因为公司没名气就是因为公司规模小而被拒绝。“没有人强迫你跑，作为老板你必须往前跑。”这时的汤雪梅内心中经常处于自我和超我的交战中，有时候甚至怀疑公司有没有能做大的那一天。但即使再不顺、再心焦的时候，汤雪梅也在合伙人和员工面前，保持一个积极乐观的态度。

如今，在数字 100 服务过的重要客户中，可以看到三星电子、海信集团、伊利乳业、中国工商银行、中央电视台、搜狐网、国美电器、京东等一系列人们所熟知的企业名字。

回顾自己创业的过程，汤雪梅给师弟师妹们的第三个建议是：“创业并不是想象中的那么难。只要你脚踏实地去做。”

做一个有追求的创业者

或许受第一份工作就接触信息技术的影响，汤雪梅早早就认识到了未来是互联网的时代。还在零点当总裁的时候，汤雪梅就开始考虑借助互联网平台，将网络与人工相结合，改变传统调查行业的商业模式。

"数字 100"创建之初，汤雪梅开始寻找一支能承担网络调查技术的研发团队。她找到了当时为美国 Oracle 服务的弟弟汤劲武，并委托其在当地组建一支研发小组，负责网络调查系统的开发。两年后，获得自主版权专利的汤劲武带着系统回国，正式加盟"数字 100"，担任公司技术总监。

2006 年 2 月，数字 100 市场咨询公司投资的北京凯摩 100 信息技术有限公司正式成立。汤雪梅意在利用这套独立研发的网络调查系统推广网上调查这一新业务模式。

汤雪梅形容这是一套"傻瓜"专业调查系统。这套系统将以前需要专业知识的工作固化成模块，不懂统计分析的用户照样可以随时随地做调查。

借助自助网络调查平台，用户可以根据自己的需求在问卷设计模板上进行问卷编辑，编入系统后，系统很快自动生成了一个链接，再将这个链接用系统发给自己的客户。过个几天，在收到的调查问卷提交后，“数字 100”的后台软件便可帮用户统计出问卷结果。

但技术的革新未必会得到市场的认同。尤其是很多财大气粗的大公司，在听了汤雪梅对在线调查的介绍后，纷纷表示这听起来很好，但最终还是选择传统的调查方式。而公司内部对汤雪梅的在技术上的追求也颇有非议。在线调查的费用至少比传统调查减少一半。追求技术革新，反而影响了公司的利润。汤雪梅说，自己常给员工讲，虽然做在线利润没有那么丰厚，但未来是在线调查的时代。尽管如此，一开始这仍被员工认为是老板要压低待遇的托辞。

但汤雪梅并没有妥协，即使在在线调查最不被认可的阶段，她也宁愿用传统调查的利润来支撑在线调查的业务。终于，2008 年金融危机爆发，不少公司开始缩减开支，而随着电商的发展，在线调查却迎来了春天。

汤雪梅没有停下来，针对 SNS（社交网络服务）模式的发展，她又率先在国内的咨询行业做起了消费者调研社区。这又经历了一个让员工和市场认同的艰难过程。在公司内部，汤雪梅为了鼓励新业务的发展，在员工大会上表扬、在考核中支持，想尽了手段。如今，“数字 100”的社区业务也已经步入正轨。

2015 年，“数字 100”又开始采用移动互联网的劳务分包模式。举个例子，它能把一单调查制作成多个任务包，由别人随意认领。比如，调查一家咖啡馆的陈设，网友领任务后，上传自己拍的照片，可获得一定的报酬。“这个业务是移动互联网时代的革命，进一步简化了流程，能让调查的成本更加低廉。”不过，汤雪梅也表示，这项业务目前市场认可度不高，还在探索之中。

在调查咨询行业，“数字 100”从来不是最赚钱的公司，但它一直是行业新技术的引领者和变革者。汤雪梅觉得，这是她的使命。“当公司做得越来越大，你会思考怎样让这个行业变得更好。”最近，汤雪梅正在并购一家以传统调查业务为主的公司。“这家公司的利润率很高，但是，老板入行多年，从来没有想过有什么改变。”

家庭事业相互平衡

或许是女性企业家的宿命，不少采访过汤雪梅的人，都会问起她的家庭。汤雪梅笑笑说：“在家里，我可是个不折不扣的小女人。”

汤雪梅 2003 年第一次告诉丈夫赵明天自己想创业的时候，赵明天对她说的第一句话是“瞎折腾”。赵明天的潜台词是：现在收入稳定、家庭美满，没什么烦心事，为什么创业？面对丈夫的质疑，汤雪梅没有同他正面冲突，而是迂回作战：每每赵明天打击她的积极性的时候，她就不出声，而是隔段时间再向丈夫试探。赵明天最终经不住汤雪梅三天两头的询问，勉强同意了妻子的创业决定。

汤雪梅和赵明天刚结婚时，生活还很艰苦，最主要的原因是赵明天正在创业。结婚之前，赵明天刚把在海南做职业经理人时赚的 4 万元用来创办中农科美化工有限公司，身上所剩无几。除了没钱之外，赵明天还要咬牙承受创业初期的巨大压力。在汤雪梅的印象里，那时候赵明天一周能发三次脾气，不是踢门就是拍桌子。汤雪梅虽然有些难以忍受，但是她理解这是丈夫发泄压力的一种方式，所以每每赵明天欲动肝火之时，汤雪梅就会安慰他说：“没事，比打工强。”

在汤雪梅创业压力最大的时候，有一次赵明天接汤雪梅回家，路上责备她没有处理好家庭事务，汤雪梅听了后心中积压的情绪瞬间爆发，她几乎是带着哭腔在车内叫道："我不活了，我要跳下去！"当时车正行驶在环线上，车速也很快，赵明天被汤雪梅反常的举动吓到了，一时之间也安静下来。两人在凝重的沉默里回了家。汤雪梅对这次"跳车事件"一直印象深刻，她在若干天之后对赵明天说："创业期间你要多宽容我，未来等你老了，我会对你好一点作为补偿，现在就请你不要责备我了，我一个人太难了。"

汤雪梅说，在如今的现实条件下，工作与生活的平衡是女性很重要的课题。"我认为不要想绝对平衡，而是可以保持动态平衡，在某一个阶段更多倾向家庭，在另外一个阶段更多倾向事业比较好。其实绝对的平衡不存在，都是有所侧重的。"

在午后的咖啡馆，汤雪梅说，平时在家里，大事小事都是丈夫做主。"现在我逐渐淡出公司，算是兑现我当年的承诺吧。"那么她是怎么调试自己的心态的呢？"《圣经》里说女人是男人的肋骨。我们俩都是性格要强的人，如果我在家里，不把自己放到一个柔弱的位置。这个家庭该怎么维护？"如今，功成名就、家庭幸福的汤雪梅，很享受自己现在的生活。

刘强东：

看准路坚持一辈子

人物名片:

刘强东

1992 级社会学系本科生

京东集团创始人兼首席执行官

如果某一天早上，你突然急需购买一台相机甚至一个口罩下午使用，相信大多数人会毫不犹豫想到京东。“产品齐全、保障正品、送货神速、退换无忧……”这已经是如今京东的标签，而打造出这样一个京东，刘强东用了 18 年。

名牌大学毕业，摆摊儿遭人嫌

出身草根、个头中等、言行朴实，京东集团创始人刘强东怎么看都不像一个互联网的“弄潮儿”，倒是那一口宿迁普通话让他有些与众不同。1974 年，刘强东出生于江苏宿迁一个贫穷的农民家庭，“知识改变命运”成了那时唯一的出路。他发愤图强，考上了中国人民大学社会学专业。1992 年，家人凑了 500 块钱送他北上求学。他比谁都清楚上大学必须自食其力。大一时，他帮人手抄信封，3 分钱一个；大二时，他从批发市场二五折购进精装书，去写字楼推销；此外，他还一直给学校机房打工。

那时计算机还是新鲜事物，刘强东在接触过程中逐渐对编程产生兴趣并开始自学。为了学习计算机知识，他经常骑车两个多小时奔波于学校与北京西郊的一家研究所之间，有时晚上就在机房地上睡觉，次日凌晨 6 点左右再回学校。就这样，他依靠着编程的专长赚到了十几万元，他用这些积蓄加上跟亲朋好友借的一些钱，在中关村附近接手了一个饭馆。没想到因为自己太理想主义、管理松散，赔光了所有投入。这是他第一次创业——以失败告终。

1996 年，刘强东毕业了。他进了一家日资企业。这里的轮岗制锻炼了刘强东，从电脑信息化到物流、采购，大部分岗位他都干过，并且了如指掌。两年后，他还清了债务，毫无留恋地辞掉了这份工作。1998 年 6 月 18

日，刘强东拿着手里不到 2 万元的积蓄在中关村租了一个小柜台，代理销售光磁产品，柜台名叫“京东多媒体”，这便是“京东商城”的前身。

“在 1998 年的时候，作为一个大学生去中关村摆柜台，是一件很丢人的事情，特别是我毕业的学校还是有一定知名度的。”刘强东说。他“一直瞒着父母”。当时正在读研的女友去看望他时经常会问：“难道你一辈子就要这么生活下去吗？为什么我们不能一块出国呢？你为什么不能考研呢？”由于女友父母坚决反对，女友离开了他。

那段日子让刘强东痛苦不堪，回忆当时的情形，他感慨万千：“我创业前三年最大的痛苦，不是站在马路边上发宣传单遭白眼，不是挨冷受累，而是感觉世界上没有一个人理解我……哪怕第一年就赚了三十多万，我在他们眼里依然不入流。”

转型电商，赴美上市

2001 年，京东已成为当时中国最大的光磁产品代理商，并在全国各地开设了十多家分公司。那时，他把京东定位为传统渠道商，打算复制国美、苏宁的商业模式，经营 IT 连锁店。就在他兴致勃勃准备扩张时，2003 年的“非典”使他被迫关闭了所有门店。

为减少损失，刘强东只能另辟蹊径——上论坛发帖售卖产品。触网之后，他逐渐发现在互联网上卖东西的搜易得数码商城风头正劲，于是加入其中。一位搜易得的老员工回忆道：“别的商家每次都要问：‘你们的店租能不能降一降？’但刘强东总是问：‘你们的程序是怎么编的？你们的流程是怎么控制的？’他从来不关心价格，倒是对电子商务的后台技术很感兴趣。”

彼时，刘强东只玩过 QQ 和论坛，没上过当当，也不知道卓越，在查阅了无数电子商务的相关资料后，他认定：“电子商务就是未来！”2004 年 1 月，刘强东带领公司正式进入电子商务领域，创办了“京东多媒体网”，继而发展为京东商城。当时围绕线下还是线上的问题，刘强东和公司骨干进行了很长时间的讨论。因为线下盈利，而线上则需要大笔投资，且回报遥遥无期，大多数人反对转战互联网。但刘强东力排众议，决定砍掉实体店铺，专心经营网上 3C（计算机、通信和消费类电子产品）业务，转型为一家专业的电子商务公司。

因资金有限，公司配备的人员和设备也不甚理想。京东商城上线后的第三天，公司主页就被“黑”了，屏幕上黑底白字，写着“京东网管是个大白痴”。刘强东赶紧找到懂行的朋友帮忙，这个朋友看了京东的服务器后，不由地感叹：“这是我看到的全世界最‘牛’的服务器，有 1 300 多个病毒、700 多个漏洞，任何一个有点黑客技术的人都可以攻破……”

2007 年，京东商城的发展遭遇了第一个瓶颈——资金匮乏。刘强东找到了今日资本的总裁徐新，第一次见面，徐新就被他打动了。后来，徐新说：“我第一次见到刘强东的时候，他的电脑上写着‘只有第一，没有第二’，我当时就觉得这哥们儿可以。当时跟刘强东谈了四个小时，我就下定了投资的决心。问他要多少钱，他说要 200 万美元，我说：‘200 万哪够呢，给你 1 000 万美元！’”

有了这笔钱，刘强东筹建了广州分公司，购买了不少处库房、扩充了产品渠道，产品种类从 3 000 种增加到了 18 000 种；还开始了一件在京东历史上具有里程碑意义的大事——自建配送体系。这一举动遭到了众人的反对，甚至有人认为这种选择是愚蠢的，但刘强东依然像 2004 年那次抉择一样力排众议，干了起来。

2008年10月，京东遭遇了第二次困境。当时正值金融危机，刘强东先后见了40多家VC（风险投资公司），没有一家愿意掏钱。急白了头的他幸运地遇到了雄牛资本。雄牛资本的创始合伙人在投行任职期间曾为苏宁提供过服务，有着丰富的经验。雄牛资本看了京东的数据后决定投资1 200万美元，第一轮投资人跟投了800万美元，加上另外跟投的100万美元，京东得到了救命稻草一般的2 100万美元。这部分资金主要用在了升级物流平台、服务技术和扩建网络上面，这一阶段也是京东扩大规模的重要阶段。

2011年初，京东商城获得俄罗斯投资者数字天空技术（DST）、老虎基金等共六家基金和社会知名人士融资的15亿美元，资金几乎全部投入了物流扩建和技术研发方面。这一年，刘强东宣布，京东将投资百亿用于物流建设。“京东要在中国再造一个类似于亚马逊的仓储体系，外加一支像UPS（美国联合包裹）的优秀的物流配送队伍。”

2014年5月22日，京东集团正式赴美国上市，这也是当时中国公司赴美上市最大的一单IPO（首次公开募股）。而徐新在这桩投资中获得了100倍以上的回报，这也成为她20年投资生涯中最为成功的投资案例。

B2C的本质是“娇惯消费者”

据相关资料显示，2016年，京东集团的员工数超过11万人；在2 639个区县建立配送队伍；作为中国最大的自营B2C（Business-to-Customer）电商企业，京东服务的消费者多达1.88亿人，这意味着中国约每7人中就有1人已经享受到京东的服务。

京东能有如此成就，很大程度上源于刘强东对“用户体验”的极端注重。早期他甚至充当京东的头号客服，每天都会在网站给用户回帖。至今，他每天80%的精力都花在看用户留言上。尤其在2010年冬天开通微博后，他会看大量@他的抱怨帖。他认为，B2C电子商务的本质就是“娇惯消费者”，即出色的用户体验，包括产品品质、价格和服务。“跟任何人竞争，你能胜出一定都是因为用户体验，客户选不选你都是因为用户体验，没有第二条理由。”

打造优质的用户体验并不容易，京东为此不断改进。在坚持“正品行货”的理念下，京东从3C产品（计算机、通信和消费电子产品）切入，之后将版图迅速扩展至家电、百货、图书、食品、饮料等领域，为消费者提供具有市场竞争力的产品。这背后的商业逻辑就是低成本、高效率。“通过物流投资、信息系统投资，不断降低我们的成本，提升运营效率，永远保持竞争优势。”刘强东对B2C电商本质的完整表述是：在低成本、高效率基础之上提供好的用户体验（产品、价格和服务）。

为改善第三方快递给用户带来的糟糕体验，刘强东一意孤行地踏上自建配送体系之路。如今也有了显著效果，尤其推出的“211 限时达”服务（当日上午 11：00 前提交的现货订单，‘部分城市为上午 10 点前’以订单出库完成拣货时间点开始计算，当日送达；夜里 11：00 前提交的现货订单，以订单出库后完成拣货时间点开始计算，次日 15：00 前送达），大幅提升了配送速度，震撼了整个行业。刘强东经常下订单检验服务效果，他说：“这个物流速度，绝对是全球最快的！京东是全球第一个做的，美国人从来没有想到过这么做。”

对于用户最关心的假货问题，刘强东更是深恶痛绝，为此制定了严厉的惩罚措施：商家若出售一件假货，可能会面临 100 万元的处罚，京东也会主动把卖家资料提供给国家工商总局，帮助查抄假货；若发现平台出售假货，上面 A、B、C 三级的管理人员一年之内不得升职加薪，如果一年发现三次，相关人员要被开除。为此，京东内部已成立专职团队，时常抽检。他甚至宣称“京东商品无假货，是京东与天猫差异化竞争重要手段”。

谈及未来，刘强东说：“10 年之后，京东还是做这三件事情，前端是用户体验，后端是成本和效率。我们的商业信念是，当我们成本比别人低、效率比别人高、体验比别人好的时候，这家公司是有价值的。”刘强东认为，谁也打不败京东，京东只可能被自己打败。

“看准路坚持一辈子”

刘强东有自己的固执和坚持，这也深深烙在京东 19 年来的发展中。

面临着融资的重重困难，他始终坚持一条底线：自己在董事会的投票表决权永远要比投资方多出一票。从首轮投资京东的今日资本开始，刘强东就在合同中约定对公司的控制权。“我永远要在董事会占有多数席位。作为一个创始人，控制不了董事会，还搞什么搞？我有充分的自信带领公司前进，我不相信哪个投资人能取代我而把这个公司办得更好。”

这种爆棚的自信来源于刘强东对公司业务的了若指掌。他大脑中清楚储存着各种相关数据，包括友商的一切。每一个与他交流过的人，都会折服于他对细节的掌握。

“公司早会制度”也是他“坚持”的有力佐证——每天早上 8 点半开，大概 20 分钟到 40 分钟，高管必须参加。除了外出、有约或出差，刘强东都会准时出现在会议室，19 年来风雨无阻。

刘强东学习能力极强。他曾经事必躬亲，管理所有业务，三个月没休息过一天。随着企业规模越来越大，这种管理模式效率降低，他便学着高薪聘请高管，下放权力。他注重人才培养，拿到第一笔融资后就启动了管理培训生制度，如今管理培训生已成为京东的中坚力量。

在工作中，刘强东并没有外界想象的那样强势。他很爱请基层员工吃饭，了解问题并及时解决。他每年还要做一天配送员。“一是为体验配送流程、装备质量的好坏；二是希望能了解配送员工作，不要忘记一线员工的辛苦。”

生活中的他爱穿越沙漠。他说：“穿过沙漠，你也许会见到最壮丽的朝阳，但如果没有充足的补给和体力，以及应付各种突如其来的考验的能力，你也许会倒在途中。”

对于今天的自己和京东，他说：“老实说，我真的没觉得自己跟别人有什么区别。无非就是坚持，看准路坚持一辈子。”

宋国锋：

欢迎和我一同“跨界”

人物名片：

宋国锋

1994 级法学院本科生、 1998 级法学院硕士研究生

通宝图创始人、 首席执行官

虽然在法律和金融领域都已有所成就，并创办了互联网金融服务平台“通宝图”，但宋国锋依然显得很低调、谦虚：“唉，我觉得我创业还不算成功呢！”不过，对于创业路上的艰辛，宋国锋倒是有不少经历愿意分享。

从法律人、银行人到金融创业者

谈到从法律到金融的“跨界”，宋国锋直言是“赶巧了”。宋国锋本科学的是经济法，硕士研究生保送入学，研究方向为中国古代法律史。2001 年硕士研究生毕业后进入了国浩律师集团，在金融部担任银行非诉讼类的法律顾问；2006 年到了民生银行总行，在法律合规部工作；一段时间之后又去了北京银行筹建法律合规部；在北京银行待了 4 年后又去了外企淡马锡公司，淡马锡跟中国银行合作成立中银富登村镇银行，宋国锋在这个项目又做了 3 年法律合规工作。

“从我的经历你也能看出来，我比较喜欢折腾。”“折腾”下来，宋国锋发现，现在的金融市场还没有银行与银行之间的综合性平台。“我们整个金融市场，一线城市处于很火的状态，二线城市就差一点，三、四线城市则根本就是另一个状况。这个区域的层级化很分明，机构之间也是这样——是个两极分化的趋势。”

看到这样的现状后，宋国锋开始构想建立一个平台，尤其是方便互联网周边交易的认购平台，“去激活两端——产品丰富的金融机构和那些产品相对缺乏的金融机构，因为能够互通有无，让它们能各自发挥自己的优势。产品能力比较强，就多提供一些产品；产品能力不强，但是有自己特色客户群体的，可以为客户群拿到一些合适的产品。这样可以让整个市场更加均衡，也可以填补信息的鸿沟”。在宋国锋看来，互联网平台的核心功能就是解决信息不对称的问题，包括交易手段："传统的交易手段可能就是网点、柜台，或者是一个封闭的网银体系。现在我们可以有一个比较开放的平台，有一个移动的终端，当然这是要在安全、透明的机制之下进行的。"

宋国锋认为，现在"通宝图"在做的就是金融理财产品的分销渠道，这是很有意义，很有挑战，也很有价值的事情。"从商业上来讲也是很有前景的，我相信未来它对于金融理财产品市场能起到一定的推动作用。"

紧随时代，勇敢"跨界"

不久前，法学院组织了一场校友茶座，宋国锋为师弟师妹们提供了关于在校生择业问题的建议："你的每一份工作，在你做的时候，都要当成你一辈子要去做的事业去把它做好。但是当变化的机会来临，你也不要怕这个变化，想好了就去变。所以说这一切都是个'结果'，而不是个'计划'。大家找工作的时候，千万别一上来就想着'我准备 10 年换 3 个工作'。"

宋国锋强调，自己并不是在一味提倡换工作或跨界，而是鼓励同学们不要害怕跨界。他认为，对于一个工作多年的人而言，在业务、文化有相当大差异的地方工作过，这份经历——尤其在创业时——一定会是一笔非常宝贵的财富。"因为你在面对市场的时候，将遇到各种各样的合作伙伴、客户和竞争对手，见过越复杂的东西，就越有经验来应对这些事情。"宋国锋坦言，自己比较推崇那些背景复杂的人，因为太过单一容易形成思维定式，从而影响创新："创新很多时候是'杂交'出来的，不同的基因在一块儿碰撞才更容易产生新东西。”

跨界亦是如此。“法学院的学生，毕业之后也可以进媒体，做一阵子可能又去了化工公司，从化工公司可能又进到食品行业……这些其实都可以，最后进政府当公务员了也很好。我觉得我们政府的公务员如果都是有过很多实业操练经历的，那肯定行政能力会更优秀。”宋国锋认为，跨界很大程度上是“财富”，而不是“包袱”，“以往我们可能更喜欢一个人是个‘长期稳定’的人，比如他在一个行业工作了20年，大家会认为他对一个行业内的东西很熟了，但这也意味着他往往不能够从另外的视角去审视自己所在的行业了”。

在宋国锋看来，大学生作为青年人，时间是最宝贵的财富，应有不怕吃苦的精神，不畏惧困难，才能有所建树：“现在中国正处于改革的洪流之中，没有哪一个工作是绝对稳定的，大家也不可以再有‘铁饭碗’等旧思想，而应紧跟时代潮流，树立终生学习的目标。”

不必要去强求人人都创业

谈到自己工作多年再创业的经历，宋国锋坦言，难度还是很大的。“曾经一个正在创业的师兄跟我聊天时说，我们都听过很多创业艰辛的故事，所以每个创业者在创业之初都想过自己能想到的最坏情况。但是，如果给所谓的‘坏情况’打1分，开始创业的时候你大概只会想到3分，而实际你真正遇到的困难可能是15分！理想和现实的差距就是这么大。”在宋国锋的创业过程中，一步一步走来，几乎没有一个阶段是按照最初的计划按期完成的。他说，创业的时候人们总会给自己很多正面的激励，总会把一些情况想得很美好，但现实往往不是这样的。他曾看到有这样的总结：创业要成功，首先要有正确的模式；其次就是有一个团结的团队以及一个决策正确的创始人；但是，最最关键的是要运气好……宋国锋笑道："哪怕你前面做得再多，但可能不知道因为什么意外你就失败了。"

如今，创业——尤其是大学生创业——一直是社会的高频热词。身为创业者，宋国锋认为，目前大多数创业还是基于技术类的创业，这一轮互联网创业潮表现得尤为突出。而对于文科背景的大学生而言，创业着实存在一定困难。不过，宋国锋仍然保持乐观心态："我希望同学们在创业时不用太顾虑，不用怕，有志者就放手去干。"

宋国锋承认，创业本身确实是个很艰苦的事情，客观上失败率较高。"不是说只有中国这样，全世界都如此。越年轻的创业者，失败率就越高，因为你的经验、见识都不足。当然年轻人确实有热情、有激情，但是让客户认可你产品的，并不是你的热情和激情，而是你的产品要确实好才行。"

因此，宋国锋对年轻人创业持有谨慎但宽容的态度。"你先要去积累解决问题的能力，再去找到独特的方法更好地解决问题。也有很年轻就创业很成功的人，他们确实很有才华，但毕竟是少数。多数人还是应该踏踏实实地做好最初的工作。我们的社会是一个专业分工比较细的社会，做好一两门专业内的东西，以此为入口去了解社会，了解社会的经济规律、运转体系以及人……之后无论再转行还是去创业，都是好的。另外，创业时考虑问题的格局应更大一些，这样能站在更高的视角去看问题。不要纠结于一些细节。"

找到合适的合伙人

创业肯定不是单枪匹马就能干的，需要一个团队共同担当、共同进步，选择合伙人的过程就显得至关重要。宋国锋坦言自己也有对理想合伙人的标准，那就是——志同道合，齐心协力。志同是指大家看到的价值和方向是一样的；道合则是做一件事情大家的观念或者说达成目标的方法要大致一样，互相不排斥，有人觉得该这么做，有人觉得该那么做，那就很难合作；齐心的意思是说大家想法要一致，关键时刻要一条心。不见得谁就一定是对的，但是关键时刻要有一致行动。之前的想法可以有不同，但是关键时刻要能一条心，创业团队本来项目小，人也少，千万别各干各的；协力就是能为团队出得上力。

这四点的重要性在宋国锋看来是依次递减，但是能做到这四点就是好的合伙人。这八个字看起来无特别之处，但说起来容易，做到也挺难。找合伙人，不能为了一时的东西去迁就、去找一个不合适的合伙人。“找合伙人可能比恋爱结婚还难。结婚还有双方家庭的社会关系在里面，也有一些法律的制约。合伙人就是一起做一份事业，不合适了可能说散就散，比离婚容易多了。”

人大人：兼顾“务实”与“人文关怀”

由于经常回母校交流，宋国锋认为，人大人呈现的整体感觉是比较“务实”。“我觉得‘务实’是一个非常优良的传统，‘务实’就是着眼于实际存在的问题，去思考现实的、可行的解决方案。”

谈到此处，宋国锋回忆起自己与法学院大学生法律援助中心的渊源：“因为我是中心的第一任主任，也算是创始人之一吧，（所以）感情也比较深。”在看到正在做法律援助工作的同学时，宋国峰说，他还是能感受到人大的这种人文关怀精神。在今后的工作中，他们往往也能去考虑我的工作能为社会做出怎样的贡献、能不能带来什么价值，而不是单纯去考虑自己挣多少钱、有没有户口、让家里有没有面子等……在他看来，同学们有更高的追求，有对社会、对国家的一种责任感。

宋国锋信心满满地表示，既能务实、又有人文关怀精神的人大人，“走到哪里都没问题”。

李　岷：

创业是一种修行

人物名片：

李岷

1995 级新闻学院本科生

虎嗅网创办人

李岷走进咖啡馆，那标志性的短发依旧，和三年前一样，英姿飒爽，不减当年。她上身只着一件酒红色帽衫，配驼灰色休闲裤和玫红色运动鞋，洋溢着青春气息，脸上露出腼腆的笑容，而这种笑容也成为很多问题的答案。李岷说话出乎意料的简短、利落，讲述起这几年的创业经历也似云淡风轻，仿佛一切对她来说都不是事儿。

“心有猛虎，细嗅蔷薇”

“In me the tiger sniffs the rose（心有猛虎，细嗅蔷薇）”，这句来自英国近代诗人西格夫里·萨松（Siegfried Sassoon）的著名诗句便是“虎嗅”这个名字的来源。三年前的此时，正是李岷紧锣密鼓筹备创立虎嗅网的时候。

1999 年，李岷从中国人民大学新闻学院毕业后便进入《中国企业家》杂志社，一路从实习生干起，到记者部主任，最终成为执行总编。2012 年初，她从这个工作了近 13 年的地方辞职，一头扎进互联网创业大潮。谈到辞职原因，她直言“传统媒体没什么创新空间，做不下去了，尤其互联网的冲击和影响越来越明显”。作为一名媒体人，她时刻关注着传媒业发展趋势，她发现“从 2009 年开始，以新浪微博兴起为标志，网上 UGC（用户生产内容）的力量崛起很快，迅速改变了媒体从内容制造到分发的流程，互联网直接从渠道转变为内容生产”，而“传统媒体相对停滞化，从体制到商业模式等各方面都没有突破”。说到这里，李岷沉思了一下，然后说：“如果一个地方的体制不能保障去做一些创新，那就没什么未来了。”

2011 年 5 月，美国《赫芬顿邮报》网站的月独立访问用户数量首次超过了《纽约时报》。一名美国在线（AOL）员工在推特（Twitter）上写道：“6 年战胜了 100 年。”意思是《赫芬顿邮报》用 6 年时间超越了拥有 100 年历史的老字号《纽约时报》。这场“逆袭”更加印证了她对于行业发展的判断，也坚定了她投身互联网媒体的念头。

如同大多数的创业成功总有那么一份“机缘巧合”一样，虎嗅的诞生也建立在许多机缘之上。就在意识到《赫芬顿邮报》崛起没多久，2011 年 7 月某一天，当时还是网易门户事业部总裁的李勇突然找到李岷，跟她交流做一个内容品质相对高的商业资讯网站的想法。几个月后，李勇投出了 100 万元天使投资，李岷与另外两位联合创始人也掏了些钱，虎嗅网就这样开始了。

忽如一夜春风，虎嗅声名鹊起

当李岷被问到“初创期有没有特别艰难的时候?”，本以为她会毫不犹豫地大吐苦水，没料到她却开始努力回想，大约过了五六秒，她只回答了四个字：“真没什么……”她觉得“人做事多多少少都会有点儿困难，这也没什么”。即便她说来如此淡然，也掩盖不掉曾经的艰苦：“就是从早到晚工作，一天差不多十五六个小时，周末也不歇，连轴转。”

那时，首先遇到的一大难题就是如何为虎嗅网定位。“我们开了很多次会讨论，才最终定下来。”公司团队将科技、文化、新能源，甚至消费、零售等能想到的行业全部都考虑了一遍，“后来觉得当时团队比较小，没办法覆盖到这么多，就想怎么能做减法砍掉一些，最后就决定只保留科技行业，因为它更新速度比较快，本身的受众就在网上”。互联网在自身发展的同时，也在不断改变和影响其他行业。李岷说：“现在的‘互联网 +’，其实我们当时就看到了，所以也坚定了虎嗅网要以科技为核心，再拓展到被它辐射的行业中。”

李岷参考了美国的《赫芬顿邮报》和 Business Insider。在《赫芬顿邮报》网站上，用户既能找到突发新闻、聚合新闻，也能看到实时评论，它还是群博客平台。Business Insider 是美国知名的科技博客、一家垂直的 IT 资讯网站，强调整合与快速抓取。成形之后的虎嗅网与它们有很多相似之处。

2012 年 5 月 15 日，虎嗅网上线。在虎嗅网上线前的一个月，《赫芬顿邮报》网站获得了新闻界至高奖普利策奖的国内报道奖。

李岷希望将虎嗅打造成一个聚合优质创新内容和人群的平台，所关注的是互联网领域一系列明星公司。与传统媒体不同，虎嗅的内容一半以上并非团队原创，其员工大多在做的是发现与聚合编辑的工作。以“精选、有料、干货、有用、细节、内幕”为宗旨，由编辑和用户共同提供精细加工的资讯和观点是虎嗅的杀手锏。

通过微博的传播，虎嗅网几乎在一夜之间声名鹊起，吸引了大量业内人士关注，流量迅速提升，仅用 6 个月时间就达到日均 PV 值（页面浏览量）80 万，目前日均 PV 值已超 150 万。从当前 Alexa 网流量排名来看，虎嗅位列 500 多，远超过雷锋网、《好奇心日报》等。

虎嗅还没上线的时候，李岷便开始有意识地寻找新的投资，刚好浙报集团传媒梦工场新成立不久，也寻找新媒体初创项目，双方一拍即合，虎嗅网又获得 200 万元融资。坚守互联网也意味着要不断“烧钱”，虽然有时投资人并不会在投资时就要求明确盈利模式，但就长远来看，能够实现可持续盈利对虎嗅来说是一个必须攻克的难关。很多人都对虎嗅的商业化有疑问，但李岷的答案是：“这不是问题。其实从 2013 年有收入的那一年起，虎嗅已经是盈利的。但盈利现在并不是我们考虑的首要目标。”

虎嗅已经取得了在互联网、创业圈里数一数二的媒体影响力，具备了广告价值。如何在硬广告之外，通过创意与整合，帮企业客户进行最好的品牌营销和传播，是虎嗅市场部门最主要的工作，这也是虎嗅收入的主要来源。在李岷的构想中，如果虎嗅的流量、品牌和用户量都在稳中有升，还可以考虑面向细分用户，做收费的增值服务。

“每天都在叩问与疑虑”

“对于李岷创办虎嗅我曾有过担心，清纯如小龙女般的她能创业吗?”与李岷有着十多年交情的好友——新鲜传媒 CEO 老纪一度非常担忧李岷是否能坚守成功，但在虎嗅成立一周年时，他在网页上留下了这样一句话：“这一年虎嗅突飞猛进的发展让我赞叹。”

然而，李岷却没有被阶段性胜利冲昏头脑，时刻都保持着一种固有的危机感。她曾在虎嗅满一年时写下一篇文章——《第一年》，她写道：“14 个月前，当‘虎嗅’这两字毫无征兆地蹦入我脑海里时，我对这名字好或坏，心有不决，怀抱忐忑；12 个月前，当 www. huxiu. com 正式上线时，我对这网站能否从互联网信息的汪洋大海中脱颖而出，并无十足把握；今天，我对虎嗅能否持续生存下去，发展壮大，也每天都在叩问与疑虑……”

的确，在虎嗅飞速成长的过程中，也会随之带来不同的困扰。虎嗅上线之初，曾因大量内容都属于转载加工，引起媒体圈同行不满，甚至口诛笔伐。李岷小心翼翼，注意各种处理手法，她在一封答读者信中说“感谢读者让虎嗅具体而微地感受存在的价值，但那篇文章不是虎嗅的原创，我们只不过是做了点发现与聚合编辑的工作”，然后表达了对原作者的谢意。

不过各种质疑丝毫没有影响李岷对虎嗅的定位，她依然坚持：“现在网站放在第一位的应该是跟用户定位匹配的资讯，不一定非得原创，互联网

上资讯太多了，这种环境下没必要再去费劲炮制内容出来，除非你制造的内容是别人做不出来的，比如深度与调查报道。我们信奉的是，怎么能从这么多资讯中挑选、整理出最恰当的资讯，推送给我们的用户，这是我们的目的。”

对于传统媒体使尽浑身解数保护原创内容的一些做法，李岷显然并不认同：“现在有一些传统媒体仍然坚持把原创内容圈起来、不让别人转的模式，我不觉得这是‘互联网’。互联网上，绝大部分内容应该互联互通、相互交换与共享，如果一个公众媒体把自己的商业模式、用户服务模式建立在高度原创与封闭之上，我持保留意见。”

在虎嗅遇到的所有麻烦中，令李岷最头疼的问题是产品更新太慢。尤其在同类型科技博客层出不穷的环境下，稍有不慎，虎嗅便可能被淹没。至于该如何解决这一问题，李岷坚信“只能是招更牛的人来”。她表示，想做出更好的产品，必须下血本去挖匹配的人才，但“这是整个新媒体的现状，也不单是虎嗅一家的问题”。

虽然要面对的问题、挑战纷至沓来，但在李岷看来："大多数时候，我们团队其实只用解答好一个问题：我们当初为什么要做虎嗅？我们现在发的每一篇文章、架设的网站架构、每一次产品的改动、新设计的交互体验，是在帮助用户搭建一个有效率的商业资讯与交流平台吗？"

创业是一种修行

李岷是一位寡言少语的采访对象，她曾公开说过自己内向——2013 年 12 月 25 日，她受邀去演讲，刚开场就对创业一通"吐槽"，说创业将她这样一个不善言谈的人推向这个舞台，要面对这么多人讲话。

谈到创业以来最大的体会，李岷毫不犹豫地说："最大的挑战是自己。"她说："创业就是一种修行，所有外在的困难都不是困难，不管是能不能用钱解决的困难，归根到底都是由你自己造成的，或者说是你自己无法克服它，一切归根结底都是你自己还不够有能力，还不够有境界，所以困难其实就是自己，跟其他人或者其他外在的东西都没有关系。"

出生于 1977 年的李岷是四川人，从小生长在这方水土，她身上自然也少不了四川人的聪明、能干、吃苦、直爽。她是"自由主义者"，不爱约束别人，也不喜被人管控。但作为一个团队领导者，又不得不走在向管理者角色转变的路上。对此，她感触颇多。"以前自己做事，相对是个人的工作，做得好不好都取决于自己，但要带一个团队，你要懂得去赋能授权，去发扬他人所长。"

创立虎嗅网以来，李岷感觉到自己身上发生了一些变化。最大的变化就是"认清自己身上很多弱点，正视自己很多不足"。她说："之前没有很多机会去认清，总觉得自己什么都行，看别人做的都觉得不行，总想用自己的想法去左右他们。”有时候工作上的强势和要求的严苛，会让她身边工作的人因压力过大而渐渐远离。“我以前不太会表扬人，心中的工作标准要求比较高，一件事做得对了是应该，一旦做得不太好，我就会马上‘炸’了。别人会觉得在我身边工作压力太大了，享受不到工作的快乐。”现在，她会更注意发现大家的优点或进步的地方，不会再天天盯着别人做得不好的地方。“谁都会犯错，我自己写文章也会写错别字呢！”李岷说。“要善于鼓励人，因为最终这些产品与内容你还得指着他们去做，当然，也不能完全放任，否则虎嗅质量下降，用户与读者就受不了了。这需要我去平衡。”现在，李岷会尽量想办法让大家去建立起对他们自己的要求，给他们权力和责任，让他们自己去感受、评价与改善自己的工作。她则本着“给大家创造一个开心工作、自由成长的空间”的想法与大家相处。“营造这样的环境，让大家成长进步，就是我的工作。”

对于批评，李岷更是欣然接受。曾有一位用户写了一篇《李岷有什么发言权》，反驳虎嗅“从传统媒体转型新媒体的道路上，李岷有发言权”的言论，批评虎嗅讨论的面太宽，能全面了解这些问题的编辑又太少，不能像《经济学人》那样专业。没想到李岷竟接受了这样的文章，还发表在虎嗅网上。

面对未知数，李岷总喜欢说一句“走一步看一步吧”——不光在团队管理上如此，对虎嗅的未来也同样洒脱。

创业需要“朝朝暮暮”

“创业若是长久时，正所谓朝朝暮暮”，虎嗅一周年时，李岷在网站上题了这样一句词，她想提醒所有人创业是持久战，并非一朝一夕之事，而且“创业首先是件很苦的事情，要有吃苦的准备”。

面对现在大学生创业的风潮，李岷给出了自己的看法：“我挺理解他们想一试身手的心情，但是估计成功率会更低，因为创业本身成功率就不高，想创业的大学生首先需要有这样的心理准备。毕竟他们刚毕业，社会经验、阅历、资源等各方面都比较缺乏。尤其度过初创期后，当团队从几个人不断飙升至上百人，肯定会对你的管理能力（包括自我管理和管理他人的能力）、待人处世能力等等都有更高的要求。但对一个年轻的小孩儿，想法比较简单，你没办法要求他在这方面很成熟。所以，综合考虑，大学生选择创业还需要谨慎为之。”

在李岷看来，创业是留给有准备的人的。在校学生如果有创业的想法，就要及早走出校园的“象牙塔”，真正接触社会，看看现实的商业社会是怎样的。也许还会认识一些贵人，能够提点他或给他一些机会。另外，应该更好地学习如何对待人生、对待世界、对待生活。“总之，除了那些在技术上有天分的人，相对成熟的年轻人、会识人处世的年轻人创业赢面会大一些。”

她说：“创业肯定要求你压低自我、要忍让，多为他人着想，但一般人在年轻气盛的时候，个性都是比较张扬的，如果劝他这样那样就会失掉他的个性，我认为也不是件好事。创业对人的折磨还是挺大的，除非他是一个商业天才。”但是她也始终认为，靠自己团队优秀的洞察力和执行能力，创业可以走得更远。

“三月过完，残忍的季节。和煦春光下面藏着杀机。季节更替，新的东西要蹿冒出来，而上一个季节的掌控者却试图扼灭其于幼初之期。”李岷曾在一篇专栏中如此开篇，可以想见，她是保有怎样的危机感才能走过这几年。今年的“和煦春光”又来了，不知她与虎嗅网将会如何度过这季节更替。看不见硝烟的战场上，一切都充满生机。

陈向东：

不惑之年的“90后”创业者

人物名片：

陈向东

1998 级经济学院硕士研究生、 2001 级经济学院博士研究生

“跟谁学” 董事长兼首席执行官

清晨八点多，中关村软件园里还没多少人，早来的清洁工刚开始换工作服准备打扫楼道。这时候，在“跟谁学”的工作间里，陈向东已经开始约见合作伙伴，进行会谈了。

还在新东方工作的时候，陈向东就以“工作狂”而著称。如今，生于1971年的他，早已进入不惑之年，却毅然辞去新东方教育集团执行总裁、上市公司高管这个旁人看来高高在上的职位，开始了自己“真正意义上”的创业之路。当别人问起这一点，他又笑称自己是个“90后”创业者。

18岁，首次“创业”

“我小时候就是一个特别调皮、特别淘的孩子，也因此比较‘不受待见’。”出生在河南新安一个山村里的陈向东，小时候最大的爱好，就是爬树掏鸟窝。“当时村子里最难爬的树，一般人都捣不掉的鸟窝，都是我去弄。”到后来，哪怕是光秃秃的电线杆子，陈向东也能不借助任何工具爬上去。

因为活泼好动的性格，陈向东没少挨骂。但也正是这种不安分，让他从洛阳市第一师范学校毕业，在新安县铁门一中刚刚工作了一年，就开始了一些类似“创业”的举动。“1989年，我18岁，利用暑假办英语培训班。当时之所以要办培训班，是因为发现很多学生的英语基础很差，英语水平差异也比较大。很多学生都有强烈的想把英语水平提升的需求。某种意义上说，你可以认为当时学生有这样的需求‘痛点’，然后你去办这个培训班。”

“我的培训班一期是7天课程，每个学生收两块钱，每个班75个学生。半个月我挣了300元。”对于自己心目中广义上的“首次创业”，陈向东还算满意——那个时候，他一个月的工资只有 90 元。但当时敏锐观察到其他学生“痛点”的陈向东，更是察觉到了自己的“痛点”：“我那个时候，就想再上个大学。因为我是初中毕业上师范，17 岁就参加工作了。”在那个时候，只有最优秀的教师才有更多深造的机会。而陈向东一路争取到郑州大学和中国人民大学的读书机会，直至加入了新东方学校。

从“微信红包”想到“跟谁学”

在新东方工作的 14 年多的时间里，陈向东也一直把自己定位为一个“创业者”。“比如 2002 年的时候，我创办了武汉新东方学校。当时就是我一个人跑过去的，带着 30 万块钱。”不过，多年从事教育领域，陈向东对于传统的教学模式有着自己的思考——优秀的教师资源，能不能与迫切需要他们的学生之间，建立一种更为直接而有效的联系？这样的问题，传统教育领域的新东方，给不了他答案。

于是，从小便不安分的陈向东，选择了离开新东方，去自己寻找答案。不过，寻找的过程却是“山重水复疑无路，柳暗花明又一村”。看起来和教育八竿子打不着的“微信红包”和“滴滴打车”，却让他很受启发，甚至晚上一睡不着觉了就去琢磨它们的成功之处。“颠覆性创新，往往是从行业外部来推动行业内部的变革。现在人们更多的时间都用在移动端上了。人们通过移动端进行交易、支付，进行生活方式的重新再定义……这时候我就在想：在教育场景上，有没有可能发生类似的情况？”沿着这样的思路，陈向东的“跟谁学”渐渐成型。打开“跟谁学”的手机客户端，你能很明显地看出“跟谁学”在努力向很多优秀的互联网产品取经的地方——比如搜索师资课程的“地图模式”，无论是界面和配色，都与“滴滴打车”有几分相似。

“我希望在将来，移动互联网端的学习也能够成为一种生活方式：你在地铁里、坐车时、茶余饭后、与朋友聊天时，乃至远在异国他乡，都可以拿出手机，打开‘跟谁学’的应用，找到你喜欢的老师，或者管理你的课程，跟你的学生进行互动对话交流，这就是我们的梦想。”

要创业，必须“放下来”

从在传统领域工作转型为互联网创业，很多人或多或少都会产生一些“不适应”，但陈向东却显得轻车熟路，甚至连思维方式似乎一下子都“互联网化”了——本来按照原定的计划，“跟谁学”测试版打算在2014年10月中旬推出。但是，在9月21日，当陈向东看到参与产品测试版体验的家长和老师给予的反馈十分热烈时，他立刻拍板：“跟谁学”的网页测试版必须在第二天上线！“有些功能还没完善？没关系。凭什么你推出的东西就不能失败？互联网的法则就是小步快跑，快速迭代。”陈向东说。

看上去更像一个传统行业操盘手的陈向东，身上却有着恰恰契合如今互联网时代的一些潜质：“2013年3月，我曾去哈佛学习领导力课程。当时的检测就显示，我的领导力模型应该是一种创新的、果敢的、能够快速推动一个事物的领导力。”陈向东坦言，看到自己这些潜质，也更坚定了去选择创业，发挥自己这种领导力的决心。

为了推广“跟谁学”，陈向东还做出了不少在别人看来“有失身份”的举动：“每当我被别人拉到一个新的微信群里面，进群之后我做的第一件事就是介绍我自己，营销推广‘跟谁学’。群里也有人曾戏谑我说：‘哎呀，陈老师，你到这个群里边，按照你的身份，不应该这么做吧？太掉你的价啦，我们可都知道你。’我马上回复：‘你说得不对，我现在创业啦，我就是个“90后”，所以我需要你们多来帮帮我。更需要你们拍砖质疑。’”

在陈向东看来，创业的时候，无论之前自己干过什么，现在能不能把自己“放下来”都是个很核心的问题。“什么叫‘放下来’？就是不要理会别人说我40多岁了，不要在乎别人认为你有一定社会地位了。你需要回归原点、不忘初心：当初你不就是一个农村大山里走出来的穷孩子吗？后面所有的一切，其实是你没有想到会得到的。那么你为何不把所有这一切都放下，重新出发呢？另外我觉得，所谓的放下来就是：如果你认为你40多岁了，你可能真正就是一个40多岁或者50多岁状态的人了。而你要是把自己也当成‘90后’，我不怕失败，我想出发就出发，那我就是个‘90后’状态的人。我就常说我就是个‘90后’，我就是需要每个人的帮助。”

主动“改造”，化身“90后”

陈向东说要当“90后”，可并不是念叨而已。他表示已经从两个方面在着手进行“自我改造”：“外在方面，比如我和员工一样坐一张办公桌，而不是自己有一个大的办公室。我曾经调侃说：当你拥有一个办公室的时候，你的世界就是那个办公室，当你拥有一个工位的时候，你的世界就是整个公司。”而在公司初创阶段，陈向东发现自己来自互联网领域的团队成员们互相之间都在直呼其名，但都对着自己叫“陈老师”。体会到了这种隔膜感的陈向东，意识到了称呼背后的一些“阶级”意味，“我马上给自己起了一个英文名字‘Larry’，并且要团队成员都直呼自己这个名字。”此外，他还一改之前在新东方工作时着装一丝不苟的风格，跟团队里的工程师们一样穿凉鞋、穿拖鞋，总之就要让自己看上去“跟他们是一样的”。

除去上述这些外在的调整，陈向东更看中自己如何走进公司这帮“90后”们的心里去：“你就必须来改造自己——怎么样能听进去更多想法？怎么能让这些想法变成行动？这是我每时每刻都在想的事情。我所谓的‘我是个“90后”’，我觉得有三重含义：首先是我今天对于这个事情的全情投入，包括精力我也能像‘90后’一样去打拼；其次，我也要像‘90后’一样，不要去怕失败。只有你不怕失败了，你才有可能会赢。就像体育一样，总是担心着失败，动作可能就会变形嘛；最后，我希望大家看到的我是一个没有多把自己当成所谓‘成功人物’的人，而是当作一个回归原点的、重新出发的人。我也希望自己周围能多汇聚一些优秀人物，我们一块儿去做一些伟大的事情。”

主动放下身段的陈向东，并不担心自己会因此在团队里“威信扫地”。在他看来，很多国人对“领导”和“领导力”有些错误的解读。“什么叫‘领导力’？我觉得领导力应该是服务于他人的榜样之力，你必须能够去服务于别人，帮助到人，同时还能够成为榜样。”陈向东特别喜欢西方有一本书叫《仆人式领导》，书里说：如果你想真正成为一个领导者，你首先要问自己——你是不是做好准备能够帮助到人？是不是做好准备能够服务于他人？能够影响到别人？他也特别欣赏杰克·韦尔奇在《赢》那本书中说的“在你成为领导之前，成功的标准就是如何使得自己成长；而当你成为领导之后，成功的标准就是如何使得别人成长。”陈向东很不喜欢所谓的“立威”之类的“当领导的学问”。他觉得，在今天这样的时代，这些一点都不重要。如今是每个人坐在马桶上都可以去跟世界对话的时代。为什么还要摆出一些所谓的尊严和架势来做一个狐假虎威的领导呢？“真正的领导是要让别人能从心里走进你、亲近你、接纳你、信任你。”

不同年龄段，创业各不同

40多岁还在创业，陈向东的举动其实令周围人还是不太理解，但他却不以为意——“创业任何时候都不晚”。

不过，陈向东也认为，人在不同的年龄阶段，应该有不同的创业目标和创业状态：“20多岁创业的时候，你应该基于一个细分的点进行创业；而到了40多岁的时候，你有人脉、有资源，也有一定的自我品牌。所以你在看准方向、组建团队、文化价值观的共同认知等方面肯定要比年轻人会做得好一点。这时候你就可以考虑：是要去做一个平台呢？还是再做一个细分的点？不同的人有不同的决定。问题是你要问一下自己，你做的事情你能不能掌控就够了。”

而对于如今社会上鼓励大学生创业的呼吁，陈向东也十分推崇：“有人说大学生创业失败概率很高，别轻易创业。我对此完全持反对态度。我说人的一生不就是体验的一生、追逐的一生、认知自我的一生吗？而通过创业本身，你能学到很多东西啊！哪怕是失败了，碰得头破血流了，失败的东西不就是你最宝贵的财富吗?！其实国内国外都有很多连续创业者。前天我在深圳碰到一个创业者，之前八次创业都没成功，第九次成功了。但是没有前八次的失败，会有你第九次的成功吗？所以不要怕失败，害怕失败，最后就只会成为那些懦弱的人、总是看热闹的人、自己没有自信还总给别人说三道四的人。”

陈向东还分享了自己关于创业的三个心得：“第一，想好了就要出发，勇气很重要、很重要、很重要！大多人创业失败都是因为瞻前顾后想得太多，而没有果敢决断、没有快速行动。第二，出发的时候一定要找好你的同行者，找到能和你一块儿打拼的优秀人才。同行者可能有时候会对你有挑战，但每次挑战都会让你涅槃之后达到更高的高度。第三，坚持，不放弃。这个坚持，不是说某个具体项目到了无可救药了还不收手。需要坚持的是你的创业梦想，坚持你要真正创造独特价值的梦想。”

张 锐：

用革命的产品，驱动教育革命

人物名片：

张锐

2001 级商学院硕士研究生

2003 级商学院博士研究生

万学教育科技集团董事长

北京华富嘉辰投资基金创始合伙人

2006年人大博士毕业之际，张锐放弃了16家世界500强企业的录用通知，创立了万学教育。在创始成员一半毕业、一半未毕业的状态下，万学启动创业1个月，即获300万美元天使投资，并在正式运营一年之际实现了人民币近亿元的营收。从两地经营迅速拓展到全国4个直辖市、25省区，并先后获得了红杉资本、君联资本、DCM、百度、浩然资本等多家基金多轮投资。

创业起点在人大校园

张锐创业的起点是人民大学的校园。在担任学院研究生会主席期间，张锐经常策划和组织各种学校活动，并且组建了一个特别的社团。与大多数以社交娱乐为主旨的社团有所不同，这个社团的宗旨是帮助社员获得最好的人生与职业发展。为此，这个社团研究了大量在职业与学业发展方面很优秀的学生，包括考研、就业和创业等大学生所有重要发展方向，总结了很多经验和方法。由于社团活动对成员帮助很大，这个社团迅猛壮大，以人大为核心，覆盖了40多所高校，汇集了很多人脉，团队成员也积累了宝贵经验。

正因为这个社团的资源支持与活动锤炼，张锐也拿到了16家世界500强等著名企业的录用通知。但张锐和他的团队认为社团积累的资源与经验非常宝贵，应该将社团升级为一个企业，从而为更多青年人群提供高价值服务。经过深思熟虑之后，张锐决定放弃所有就业机会，去创建一个教育公司，为大学生等青年群体提供更多的帮助。

2006年底，张锐从人大博士毕业，而其他几名团队成员还未毕业，张锐就一边研发产品，一边等着大家毕业。大家每天只要有空，就会聚到人民大学的教室或咖啡厅，进行新型教育产品的研发。张锐带领团队研究了国内外各种前沿教育技术，进而开发了一套可以大幅度提升效率的教育模型——基于完备学习价值链的深度教育体系。

张锐这样介绍了这套模型："教育是传递能力的科学。教育，首先要研究某种能力的拥有者，并解析和提取对应能力及其生成原理，然后将这些优秀能力的原理传递给需要的人，并帮助其生成能力。教育过程涉及多个环节，每个环节为最终的教育效果创造特定价值。常规教育只驱动了少数几个环节，如果把这些环节连成了一个有机衔接、彼此融通的链条，并且驱动每个环节都释放其特定价值，那么教育的效率和效果将有一个飞跃式提升。"

对产品超越极致的追求

张锐和他的团队对于产品研发有着超越极致的追求。万学教育创始合伙人之一张强说："有些人可能对产品有极致的追求，而张锐的追求已经不是极致，他总要求大家必须开发出完全超越已有模式的革命性产品。万学产品的研发过程，可以用超乎想象的透彻和疯狂来形容。"产品研发初期，张锐用上学期间做小生意挣的钱投入研发，还给团队成员补贴一些生活费。后来产品研发到了 3.0 版本，有了重大突破，大家非常开心，一致认为完全可以投入应用，开拓市场。但张锐则认为应该先去融点钱，弹药充足，才能旗开得胜。张锐就拿着大家研发出的新型教育产品模型去融资。当时，大家都认为就靠一个产品模型，怎么可能融到资呢。但结果让大家惊讶：张锐用了一个月就获得了 300 万美元天使投资。300 万美元对于一群还没毕业的学生来说，无疑是天文数字。

天使投资到账后，大家都摩拳擦掌准备开干了，但张锐却要求大家不要急着卖产品。张锐主张要继续研发，至少要把当前3.0版本升级到8.0才能开始卖。大家虽然极不理解，但只好继续研发。就这样，张锐和他的团队用了一年多的时间去做产品模型开发，直到产品升级到了张锐所说的“领先行业第二名两个朝代”。

万学另一名创始合伙人梁伟对公司的研发力度也是感慨万千：“张锐是公司老大，但他最喜欢的是搞产品研发，经常为了将教学效果提高一点点，带着几十人的教研团队在办公室一住就是一个月。万学有三大类产品线、六个系统平台和60多种课程，几乎每种课程张锐都会亲自领导研发。”

万学有一条产品线是考研培训。在最初研发时，张锐先带着团队把公开出版的2 000多种相关书籍资料，全行业培训机构的600多种课程和业内最顶尖的五十几个老师的教学内容全部进行了透彻研究。完成研发之后，大家都觉得这次研发带来的产品技术进步，几乎超过行业十年研发的总和，正准备好好庆祝一番。但张锐却告诉大家，本次研发只完成了第一阶段，必须马上启动第二阶段。张锐认为，除了从最高水平的教育者视角去研究外，还必须从最高效率的学习者视角研究。他要求团队研究一个特殊群体：基础很差，但通过较短时间学习，能在考研中取得很好成绩的学生。因为这一群体实现了从最差能力状态到最优能力状态的快速飞跃，他们选择的路径和掌握的方法，一定是高效率并具有普适性的。因此，万学教研团队针对上千名基础薄弱，最终考上人大、北大、清华等名校研究生的学生进行了深度调研，精细总结并优化了他们的学习路径与方案。这项教研任务的工作量，比第一阶段至少大了三倍，大家几乎和研究对象们朝夕相伴，吃、住、学都在一起。团队将两阶段研究成果与完备学习价值链模型进行了融合，终于开发出了考研深度培训体系。

由于教学效果明显，产品仅投放市场半年，就在北京地区迅速战胜所有竞争对手，成为细分行业的龙头，市场份额占据第一。2009 年，万学基于新型产品模型，开始全国拓展。由于远超行业标准的研发投入，在每个新进入的地区，万学都能迅速成为第一。

教育的真正使命是培养创造价值的能力

按照张锐及其团队的规划，考研培训仅仅是万学发展战略的一小步。因为在他们看来，教育真正的使命，绝不是应试类培训，而是培养人们创造价值的能力。每个人凭借为社会创造的价值量，来获得物质与精神财富的回报。为了探索人类创造价值的能力体系，张锐组建了 300 多人的教研团队踏入了一个充满创新与挑战的研究领域：职业与创业能力的系统性教育。

最初张锐给团队开动员会时说："研究职业和创业能力体系，比研究考试或其他类型教育要复杂太多。我们可能遭遇空前的困难和貌似不可突破的瓶颈，但无论多么艰辛，也必须坚持。我们坚持前进一步，就接近真理一步，这是注定让教育发生革命的研究。"

虽然预估了在这一领域研发教育产品的困难，但现实情况还是超出了团队的想象。万学团队首先大范围研究了关于创业、就业的国内外相关著作、学术论文、科研报告与数据资讯。结果却发现，国内外相关研究成果极其匮乏，绝大多数现存理论资料是低质量、浅层次甚至错误的。在研发团队为此陷入彷徨之际，张锐鼓励大家说："看来在最有意义的教育领域，全世界的研究都处于原始阶段。有机会在世界教育的巅峰搞研究，这是天大的幸运啊！我们在这个方向上的每一次突破，可能就是全人类的突破，这种任务不是谁都有机会承担的。"但在研发过程中，由于调研任务庞大、模型构建复杂、耗资太大、耗时太长，公司内部曾有不少反对声音：有人认为这是中国教育几十年都没解决，甚至都没计划去解决的问题，应该由国家去研究和解决。作为一个企业没有必要，也没有能力去解决。有人认为这种教育体系不是考试类刚需产品，品质再高也不一定有大市场。

面对公司内外的无数质疑，万学教育核心层始终没有动摇，他们坚定认为这是教育领域最有意义的探索。为了让团队成员心服口服，几名高管将团队带到青岛海边封闭交流，扫清了一切顾虑，让团队达到了上下齐心、高度一致的状态。

同样毕业于中国人民大学的万学 CFO（首席财务官）马昱说："这套培训体系的研发，最初预算是 500 万元，但最终累计投入超过了 7 000 万元。研发过程中，我们先后请了超过 2 800 名深度调研对象吃饭喝茶，仅这餐饮费一项，就花了 400 多万！"这也是万学创业精神的体现：目标定了，再难都要坚持到底!

凭借产品的显著优势，万学除了获得客户的认可，还不断获得资本的青睐。无论在资本的寒冬或阳春，万学每一轮融资的速度都非常快。红杉、君联、DCM、百度、浩然资本与华富嘉辰等著名基金，给万学注入了近亿美元的投资。万学教育一名副总认为，客户从万学的产品收获了最满意的价值，投资人则从万学的产品看到了这个团队具备改变教育世界的创造力。

做推动改变发生的人

当被问到万学教育创业历程中遇到的最大困难，张锐说："我们的培训体系效果很好，是因为驱动了能力成长的全要素和全环节，但因此也遇到了两个问题：第一，这种先进模式比传统模式成本高很多，所以我们产品价格比同行高。第二，这种培训体系需要联动的教学元素与资源很多，用纯线下方式拓展速度不够快，用常规在线模式又不能充分释放先进功能。"

为了解决这两个难题，万学再次投入大量资源开发了"智能矩阵深度教育系统"，这一系统实现了计算机、互联网、智能技术与最优教育模型的深度融合，突破了当前线下和线上教育的多项瓶颈，可以数倍甚至数十倍提高教学效率。

教育创造价值的链条，是由多个创造特定教育价值的核心环节所连接而成的，而每个核心环节就是一种教育活动。教育与互联网的融合，就是将教育价值链上的各个核心环节量化提炼，实现最优化、标准化、信息化，与计算机系统、与互联网相融合的过程。融合过程大致有三个阶段：第一阶段融合，是价值链上的每一种教育活动与互联网实现单项融合，每一次单项融合都将促进教育效率与效果的提升；第二阶段融合，是已经与互联网单项融合的各种教育活动，在互联网平台上，彼此产生关联与融合，从而形成协同效应和系统效应；第三阶段融合，则是多条教育价值链的融合。

张锐说："我们现在做的每一步，都是为了实现三次融合所带来的教育革命。"张锐是个低调的人，但他的理想却很张扬。他说："乔布斯改变了世界，大多数人在享受改变的结果，而我们在研究改变的起源，因此，万学可能会培育很多超越乔布斯的中国人！"

李　毅：

玩游戏就玩到时代前列

人物名片：

李毅

2001 级信息学院本科生

壳木软件创始人

十年前，他在宿舍玩游戏玩到电脑没电；他曾和舍友买几把吉他自娱自乐；他与舍友办家教中介，却很快不了了之。

十年后，他被班上的同学称为“首富”；他一个人就写了十几款流行游戏，创办了一个游戏公司，并在 2014 年以 12 亿元人民币被全资收购。

本科期间，他从没想过有一天会自己开公司当老板，一点一滴的积累，一步一脚印的前行，沉淀成一股强大的力量，推动着他从玩游戏的宅男，一路走到了时代的前列。

从玩游戏到做游戏

从中国人民大学信息学院本科毕业之后，李毅进入了北京大学软件与微电子学院。2007 年底硕士毕业后，他选择进入了微软公司亚洲工程院工作。2008 年，金融危机爆发，李毅所在的项目小组因为盈利问题被取消，所有成员都被分配到其他小组。对自己所分配到的医疗系统开发领域，李毅的兴趣并不高，便离开微软，加入了朋友创办的一家小公司。这是李毅的第一次创业经历。“这段创业经历其实还挺尴尬的，持续的时间大约只有两周，然后就宣告结束了。”李毅认为，自己当时的选择比较仓促，对于这一次创业的方向本身兴趣也不是很大，但更重要的原因其实是，他看到了一个更大的机会。

“我有一个特别好的师兄，在那段时间他经常往香港跑。开始的时候，他也不跟我说去干什么，后来问了才知道，他去香港把手头大量的美元换成人民币。他这些钱从哪儿来的呢？他是自己当时在安卓系统上面开发了一款免费的聊天软件，这款软件在海外有大量的用户，每个月都可以给他带来巨额的广告收入。”在看到自己师兄的创业经历之后，李毅心动了，当时就开始琢磨这件事情。“安卓市场的应用开发，当时在国内很少有人知道，其实已经到了这样巨大的一种程度。并且智能手机屏幕大，如果在上面做手机游戏的话，应该是一件非常合适的事情。”对于自己的这个想法，李毅总结了第一次创业的经验，开始做充分的考虑。首先，他想到自己本身是学程序的，有足够的专业知识，另外他平时也很喜欢玩游戏，对做游戏也很感兴趣，应该可以一试。在这两个因素的推动之下，李毅决定开始自己的手机游戏制作之路。

在刚开始创业做游戏的时候，李毅并没有合作者，所有的工作都是一个人完成的。当时他的生活状态就是，一直待在家里，早上从六点开始敲键盘敲到晚上十点，中间除了休息就一直在进行游戏创作。功夫不负有心人，做了一个多月，李毅的第一款游戏就上线了。这一款游戏是安卓游戏史上的第一款物理游戏，名叫“Space Physics”。上线第二天李毅就收到了十几份订单。“大概挣了 20 美元，当时我还是挺兴奋的，但是后来慢慢地它的收入就开始下滑了，一天可能也就几美元的样子，离我师兄的业绩距离挺遥远的，一夜暴富好像挺难的。没办法，已经到了这个程度，就只能硬着头皮走下去了。”李毅回忆自己当时的状态，他将自己比喻为“一个做游戏的机器”，因为每隔一个多月就要做一款游戏。李毅几乎投入了自己所有的精力。这种状态一直持续到了 2009 年底，当时李毅已经做出了第三款游戏。此时李毅遇到了创业史上的第一个转折。“我觉得运气来了，当时我的第一款游戏‘Space Physics’被 Google 在圣诞节期间做了一个全球推荐，而且是一个非常大的推荐，当时是和它的第一款手机‘Nexus One’一起来做推荐。和它一起做推荐的应用软件一共只有四款，其中有两款是游戏，我做的那一款物理游戏就在其中，另外一款游戏是迪士尼做的。推荐出来之后，这个游戏的销量就暴增了。”这个激动人心的转折让李毅的干劲更加充足，整个人“就更像打了鸡血一样”，开始拼命地做游戏，一个多月就会推出一款新游戏。

从2009年9月到2011年5月，李毅一直都是一个人在家里面，从早上六点到晚上十点，几乎没有休息日。他的辛苦也最终得到了应有的回报：这一段时间，李毅一共做了11款单机游戏，其中有九款游戏被Google做了全球推荐。不仅他发布的游戏品牌——壳木软件（Camel Games）成为了安卓市场上的一个知名品牌，而且他的公司也成为中国大陆第一个获得“顶尖开发者”称号的公司。李毅提起自己这段经历的时候，仍显得很兴奋：“这些游戏的下载量都挺高的，现在都还可以在网上下载。不知不觉做了将近两年，时间过得可真快。”

从宅男到老板

李毅对于自己已经取得的成就感到高兴，但是同时他也开始发现：尽管手机游戏市场大、前景广、盈利高，但手机游戏行业的发展现状也让自己倍感压力。既有腾讯、网易这些老牌公司，也有不断涌现的创业小团队，都想在游戏市场里分到一杯羹。游戏行业不会有哪一家公司一直处于统治地位，总会有新的公司发展起来。游戏市场始终处于不断更新换代之中。李毅自己的公司Camel Game成立已经两年，在这两年的时间里只有一名正式的员工，而现在的时代却和之前有了很大的变化。因此，李毅开始琢磨自己未来的走向：既然目前游戏市场突然打开了，越来越多的公司也就会涌入这个领域，游戏的品质自然也越来越高，再凭着一个人的力量去做游戏就越发不靠谱，因为明显可以看到产品竞争力在下降。“经过了思考之后，我最终决定招人，要办一个大公司，做一些大型的游戏。后来公司的员工越来越多，做的游戏也越来越大型。”

这个决定对于李毅的创业生涯来说可以说是十分重要的一个转折，但是同时也让李毅觉得有压力。他觉得自己的性格并不适合开公司、当老板、做管理，毕竟这不是自己的专长，自己也没有接触过这些方面的知识。但是李毅绝对不是一个轻易退缩的人，他开始慢慢地学习这些知识，一步一步规划自己将要建立起来的游戏帝国。2011 年 5 月，李毅租了一套复式的民居，开始招人，准备做他创业史上的第一款大型游戏。到了这一年年底的时候，他们的第一款网络游戏就上线了，这款游戏的名字叫“小小帝国”。这款游戏的横空出世毫无疑问地在当时引发了非常大的关注。因为它不仅是当时手机上为数不多的一款网络游戏，而且还是一款 3D 游戏。李毅带领他的创业团队的第一次新尝试取得了成功。这款游戏被 Google 全球推荐之后，迅速在海外获得了超过1 000万的下载量。之后，李毅游戏公司的发展更加“一发不可收拾”，员工陆续增加，从最开始的几个人，发展到 50 多个人；“小小帝国”的最高月流水达到 1 000 多万元，而且是海外收入；之后，李毅的公司被一家在创业板上市的公司并购，李毅的团队继续在该公司做自己的游戏。对于这段经历，李毅记忆犹新，尤其是对他们开发的第一款游戏给予了很高的评价：“这款游戏是 2011 年底出来的，属于策略类的网络游戏，到现在已经有 4 年了。大家对这款游戏的评价很高，它也把我们带到了一个新的高度，甚至可以说是我们的成名之作。之前自己一个人干的时候，有点小打小闹小作坊的意思；而现在就是一个群体，大家一起做。”这些成功让李毅从一个最初只是喜欢自己玩游戏的“宅男”彻底地脱颖而出，成为一个领导着数百员工、资产千万的“大老板”。

从叛逆者到成功者

回想当初在人大的本科生活，李毅感慨颇多。谈及学习和游戏的关系，李毅自嘲道："当时上本科的时候天天玩游戏，那时候晚上 11 点熄灯，我们宿舍都是玩到电脑没电自动关机。"尽管如此，李毅并没有因此荒废学业，按时上课、认真完成作业，玩游戏更多的是占用他的课余时间。此外，李毅所在的宿舍还成立过一个家教服务中心，甚至印制了名片四处发放。但因为种种因素，大家的热情渐渐消退，最终李毅在本科期间的第一次创业尝试便不了了之。但是，功夫不负有心人，即使经历过创业失败，李毅也没有选择放弃，在他走上创作游戏之路后，最后仍然有所收获。

回顾自身的创业经历，李毅表示：成功的因素有很多，第一个就是要学会把握机会，即一个合格的创业者要有实时分析市场发展形势的意识和能力，把握时代的前沿和有发展前景的创业点，创新服务模式。李毅当时正是观察到苹果 iOS 游戏市场已经有很大的影响力，而安卓游戏市场则刚刚起步，因此他选择从进入安卓游戏市场开始，进而不断发展，在游戏行业脱颖而出。第二个就是要坚持，虽然李毅自己的创业之路走得比较平坦，没有什么太大的波折，在别人看来甚至是非常顺的一个过程。但是，只有李毅自己知道，这里面有很多坎是很难过去的，甚至有些明显过不去的坎，隔一段时间就会出现。在这种情况下，必须得坚持下去。“比如说我当时遭到过 Google 的一次关停账号，所有的钱都被慢慢地退回给用户，看似已经到了一个没有办法解决的地步，如果不是当时我比较坚持，用自己不算熟练的英语发了一封邮件过去阐明事实，估计也就没有现在的成绩。”

无论一路走来经历了多少艰辛、困苦，无论发展境遇如何变化、纷乱，对手机游戏的喜爱一直是李毅不断前进的动力源泉。他说：“创业所做的东西肯定是自己感兴趣的，否则稍微有一点挫折，就会想要放弃，兴趣会帮你成功应对一些在外人看来很困难的事情。因为我本身也喜欢玩游戏，而且坚信这个领域未来肯定有一个很好的前景，所以一直坚持到现在，也会继续坚持下去。这些坎总会遇到，以后也会，还是要坚持下去。”对于未来的发展方向，李毅显得轻松而乐观，他认为自己一直都在努力，也没有什么可以遗憾了，即使失败了也不会觉得有压力。自己一直在尝试做自己喜欢的事情，这已经让他感到满意，因此也不会有太大压力。

李毅爱玩游戏，但不沉迷于游戏；有着创业成功的愿望，但坚持随心而行。他不后悔、不虚度光阴，他走在时代的前列，希望自己能做一个先行者。

赵 晗：

快速试错，创业趁早

人物名片：

赵晗

2004 级国学院本科生

心正意诚餐饮有限公司执行董事

2017 年是赵晗创办“云海肴”餐饮品牌的第八个年头。刚过而立之年的他，说话时语速很快，说着说着就会轻快地笑笑。这种说话方式很容易使人感到这个年轻人的谦虚和乐观，从而在不知不觉中认同他的观点。或许正如赵晗所说，创业一定是乐观主义者才能干的事。

创业就是要快速试错

老家在云南昆明的赵晗 2004 年进入中国人民大学历史系学习。“当年填报志愿的时候也还是有从众心理的，第一志愿填的是金融，第二志愿填的是法律。”赵晗笑着说起自己当年报志愿的有趣经历。“在填第四志愿的时候，就想一定要报一个自己喜欢的，所以选择了历史专业，最后就录取到了历史系。”大一的时候，他也曾去听过一些金融和法律的专业课程，发现并非自己的兴趣所在。

大二的时候赵晗转到了国学院，希望能在史学学习范畴之外，更多地接触哲学、文学的领域。讲到当时做选择的经历，他自己开玩笑地说：“到国学院就可以本硕连读了，轻松很多。”

因为本硕连读的关系，赵晗与其他忙着找工作或者准备升学的同学相比，有了更多从容选择的空间。说起现在的大学生，他认为现在的学生很多时候都顺着惯性在走，大二就开始忙着准备出国、实习，他鼓励在校的大学生们按照自己的想法，走一条自己真正喜欢和适合自己的道路。

并没有出生在商人家庭的赵晗选择的道路是从商。“就是爱折腾吧”，赵晗这样形容自己。在人大的时候，他发现每年中秋妈妈寄来的云南火腿月饼都会被同学们抢着吃完，觉得这是个商机，便从家乡大量购入这种月饼。通过“天地人大 BBS”和校园海报的宣传，一个中秋季下来，销售额有

5 万元左右，赚了大概 1 万元。这是他第一次真正接触生意。

大三的时候，赵晗成立了“逍遥客乐活社”，这是一个兼具旅行和公益的学生团体。当时，《鲁豫有约》栏目举办了一个旅游攻略大赛，主题是“五一长假怎么玩”。赵晗积极和校外的公益组织“多背一公斤”合作，把目的地放在了贵州山区，在旅游的同时，给山区的孩子带去书籍和文具。这个策划拿到了当时比赛的大奖，奖金 1 万元。“算是帮我们出了来回路费。”赵晗说。创办学生团体让他自己在建立团队、协调沟通和创建团队文化上都积累了不少经验。

真正确定开餐馆的方向则跟他念本科时加入登山队有关。帮登山队拉赞助的他，找到了学校附近的“一坐一忘”丽江主题餐厅，在昆明出生的赵晗与并非云南人的餐厅老板一见如故。赵晗热情地把家乡的云南菜介绍过来，其中一道“香茅草烤罗非鱼”还成了该餐厅的招牌菜。老板也教了赵晗很多开餐厅的经验，包括选址、定价、雇人等。

那时，赵晗萌生了加盟“一坐一忘”的想法。他对老板说，如果有兴趣开个分店，一定带上他。由于“一坐一忘”不再开分店，赵晗加盟的愿望未能实现。但此时，赵晗已经通过自己的考察和分析，发现北京的餐饮服务业，尤其是云南菜有很大的市场，在提升服务质量上大有文章可做。他决定如果有机会创业，自己想开一家餐厅。

为了实现梦想，赵晗看过很多创业书籍，听了很多商业讲座，自己也努力拓展人脉，向身边的人学习。除了在学校参加各种社团，赵晗也积极参加社会上的公益组织。这让他结识了各行各业的朋友。这些朋友往往年龄都比他大，眼界也比还在学校念书的赵晗宽不少。赵晗也建议在校的师弟师妹们不要把视野局限在校园，尽早跟社会接触，这样自己的成长会快不少：“你要创业的话，也需要认识做这行的朋友，多多学习、了解。如果是突然哪一天，你一拍脑袋想创业，肯定是失败的。”

2008 年年底，后来的创业伙伴朱海琴告诉他，后海银锭桥畔有个紧邻湖边的三层小楼要出租，他不想错过机会。

他先是把父母从云南请到北京，看到北京餐饮行业有发展市场后，说服父母把原本用来给他买房子的 30 多万元拿出来，投资饭馆。随后，他找到了几个志同道合、愿意和他一起创业又有能力的朋友，组成了四人创业团队。在这个创业团队中，年龄最大的户峰阳 28 岁，最小的朱海琴 23 岁，而吕志韬也不过 24 岁。

父母原本还是有顾虑。但看着赵晗一直坚持自己的选择，父亲说：“好，你去试试吧！免得你以后也不踏实工作。如果不成，早点把心收回来。”

就这样，赵晗和小伙伴们创办了第一家云海肴——坐落在后海边的云南佳肴。

创业要“流完最后一滴血”

创业的第一步是“潜伏”。赵晗曾经到北京几家餐厅应聘，担任过大堂经理，朱海琴则摇身变成普通的服务员。最刁蛮的客人如何应对、推荐菜品有什么技巧等一一见识，他们在实践中迅速摸索着餐厅管理的门道。

除了“潜伏”，还有“情感拉拢”。“可能是房东也被我们的精神和信念打动了。他特别支持我们，房租比周围要便宜很多。”赵晗笑着说，他们租的这个房子，面积不小，又位于黄金地段，每个月 10 万元的租金已经不算高了，房东又给了他们更大的支持：无须一次性付清一年的房租，按月交付即可。

但第一次创业总是艰难的。餐厅开始装修后，他们才发现原有的电容量不够用，必须增容，仅此一项就花费了 10 万元，迫使资金不足的赵晗修改了装修方案。赵晗说：“这完全是之前没有想到的。”之后，消防、工商、卫生、环保，每个环节都需要亲力亲为，他感叹道：“当时真希望早点熬过这一段，等到正式开始运营，就是我们比较熟悉的领域，好驾驭一些。”

赵晗回忆说：“有一次北京刮起八级大风，隔壁家楼上的天花板就把云海肴的空调都砸了。每到年三十放烟花的时候我们就特别紧张，后海是放烟花的高发地，而那一带每年都会发生大大小小的火情，那个地方所有的安全责任都是自己负责。营业半年以后，门口有一个下水道就不停地冒各种恶心的、脏的东西，后来才知道这个街铺每半年都要疏通一下这个下水道……类似的烦心事很多，基本上个把月都会遇到一两次。”

整个装修花了一个多月，算下来他们花了将近 40 万元，而最遗憾的是错过了北京“十一黄金周”最佳的营业季节，导致“云海肴”从当年冬天开业至年关，一直少有人光顾，有时候一天的顾客总数还不到 20 人。高昂的房租、28 个员工的工资、店里的日常开支，致使平均每天亏损高达五六千元。

赵晗说，他记得最清楚的是，在创业之初父亲勉励他的话："一定要打完最后一发子弹，流完最后一滴血，一条道走到黑，绝对不允许半途而废。""一坐一忘"的经理也以自己的亲身经历给他们打气。

"事实上，到今天，后海的餐厅也不挣钱。"赵晗说，后海的房租高，客流以游客居多，淡旺季明显。如果是经营酒吧或者咖啡馆，还可能常年赚钱，但餐馆则难免夏天火爆，冬天冷清。

但就在创业第二年，天气渐暖，餐厅现金流开始为正，却远远没有把成本赚回来时，赵晗作了一个重要决定——在中关村开第二家餐馆。

按照赵晗父母的想法，难道不应该等第一家店赚了钱，有了盈余，才考虑开第二家店？"这是不行的。我当时就发现，虽然开始赚钱，但到了冬天，可能又要把夏天赚的钱给亏出去。这样不死不活的状态，必须改变。我决定再赌一把。"

为此，赵晗咨询过很多从商的朋友，这些有商业经验的人坚定了他的想法。尤其是老家一位做超市的老板告诉他，企业必须尽快扩张，才可能打开局面。最终，赵晗说服了父母，也找到了投资人。2010 年，云海肴中关村店开业，火爆得一塌糊涂。

回忆起当初的决定，赵晗十分感慨："任正非就说自己是无可救药的乐观主义者。创业首先心态上要乐观。这本来就是把 5% 的可能变成现实的事。你要享受这个过程。悲观的人肯定不适合创业。"

中关村店的成功使得餐厅明确定位为开设在繁华商圈内的中高档地方特色菜。而且在商业区购物中心内开店，日常经营受天气的影响也较小，逢年过节时消防检查都很容易通过，降低了经营管理的难度。另一个好处是，新建的购物中心都会提前一两年开始招商。赵晗说："我们可以很早地把这个排期排好，对于餐饮商家的运营来说，把这段时间排顺，对于我们培养厨师和管理人员是很大的便利。"于是云海肴公司决定未来的发展主力业态就是购物中心中高档地方特色餐厅，主要选择 400 平方米以下的店址。

2011 年，云海肴新开了一家店；2012 年，新开了两家店；2013 年，新开了五家店；2014 年，新开了 14 家店……赵晗说，创业一般要经过三年摸索、三年发展、三年爆发。现在的云海肴进入了一个爆发期。

"创业很重要的是要快速试错和快速扩张。如果第一个不成功，在最短的时间里试第二个。时间是最宝贵的东西。就像中关村店，还是那些菜、那个价格、那个团队，就因为外部环境改变，结果完全不一样。不要被第一次不成功给吓住。当然，如果第三次、第四次还不成功，那可能就是你自己的问题了。"赵晗说。

"而且初创团队需要快速长大。如果长不大，就没有商业机会。换个角度，你的员工也要求自身发展。你不发展壮大，给他上升通道，他走了，你还要重新招聘、培训，再花更多成本。"

用做事业的态度做餐饮

赵晗说，云海肴能走到今天，一个很重要的原因是，从一开始他和小伙伴们就把它当一份事业来做。

"很多人开茶楼、开咖啡馆是出于一种情怀。中国人总想有个地方能和朋友们坐坐，聊聊天。但我们不是。"赵晗说，自己选择开餐馆，就是觉得它比茶楼、咖啡馆之类的更容易壮大。

“而且在后海这地方，人均消费 150 元也不算贵。如果只守着这么一家店，自然可以定价好一点。但我们一开始就明晰了自己的定位。直到现在云海肴人均消费也就在 80 元左右。”赵晗说，如果没有做事业的态度，可能自己在后海开两年店，觉得没意思，就把店给转手了。那样，自然又是另一条人生轨迹。

也是因为有这种“雄心壮志”，在创业初期，四位创业伙伴就将股份结构理顺，并没有按照平均主义进行股份划分，而是明确了股份框架，因此企业直到现在都走得比较顺利，并不存在团队间的利益纷争。“很多人开餐饮都是家族企业，老婆管账，亲戚管采购。我们不是，我就不怎么管钱，钱现在都是海琴负责。大家按照规矩来做，我们设计了很多商业机制。”

赵晗说，现在云海肴的规模越来越大，对团队的管理能力提出了新的考验，接下来两年的重点就是提升团队管理能力。

赵晗很羡慕现在的创业环境：“以前，我创业的时候都要拿家里的钱。压力还是很大。现在社会上有这么多投资人，创业环境更好了。社会也更宽容了。延迟毕业一两年，周围的人也都接受。”赵晗说，现在的年轻人如果有创业的想法，应该赶紧抓住这个创业机遇期，尽快开始创业。他认为，这波创业高峰应该能持续五年，五年之后，社会又将进入一个平稳发展的阶段。

在大学期间的一次职业规划作业中，赵晗对自己人生最后一步的规划是从事教育工作。“做餐饮是我的事业，教育才是我的情怀。”他认为自己最后会选择涉足教育行业，但不会是新东方那样赚钱的培训机构，有可能创办私塾或者书院。

谈到目前从事的餐饮行业，他也认为这两者并不冲突。“做餐饮也是做教育。”赵晗认为教育并不只存在于学校，对企业员工的培养未尝不是一种教育。餐饮行业从业门槛低、未来收入高的特点，完全可以很好地承担起农村人口顺利、平稳地过渡为城市人口的责任。他希望能为自己的员工提供更大的平台。“给别人一个舞台，也是一种成就。”

任　　敖：

从来没后悔过做“青年菜君”

人物名片：

任牧

2004 级社会与人口学院本科生

“青年菜君” 联合创始人

2016年8月，任牧和同学一起创办的“青年菜君”业务暂停，裁撤大部分员工，进入休眠状态。在这之后的半年多时间里，任牧始终在为这个负债千万，只有数名核心员工的“残城”利益最大化奔波。“债具体要还多久还不知道，资本性负债短时间内可能还不上，但是债早晚都要还，因为不管怎样，它都是债。”

毕业前从没想过创业

任牧、陈文、黄炽威，都是中国人民大学社会与人口学院2004级的学生，分别学习不同专业，但是上大学的时候就相熟。尤其任牧和陈文，性格互补，非常谈得来。大学时代，任牧剃了个光头，是个挺不羁、有棱角的人。“那时很‘文艺’，不感兴趣的东西根本不看。”学生时代任牧从来不实习，也没想过创业，就打算毕业后找份清闲点的工作。三人谁也没有想过，将来会有一天走到一起，建起一家属于自己的公司。

2008年大学毕业后的五年间，任牧先后做过公关和市场，还搞过一家文化公司，小日子过得风生水起。但随着工作中见的越多、听的越多，任牧越来越想做更多“正确的事”。“我看到新媒体营销里太多不好的东西，比如博眼球、炒作，觉得没价值。”

2013年9月的一天，任牧忽然收到了陈文发过来的一个文档，说想“做个半成品净菜电商，解决上班族的吃饭问题”。那天之后的一段时间，他再没心思逛街，一直闷头看手机。“我和陈文算是联系最密切的同学，经常交流沟通。那天我看到这个创意很感同身受，在吃晚饭这事上我也有‘痛点’，而且吃本身又是我喜欢干的事。既然这样，那就做吧。”

接下来的一个月里，任牧和陈文每天都在聊这件事。10月，黄炽威加入，第一份商业计划书就“聊”出来了。11月，三人做了大量的市场调研，开始研究项目具体怎么做；也就是这个月，三人辞职并凑了50多万，取青年才俊的谐音创建了“青年菜君”。“以前也想过很多点子，但都没有像‘青年菜君’那么决绝。可能在这之前我们也不够成熟，无论是哪方面的积累，都还不够支撑我们之前的每一次创意，而这次刚好有这样一个想法，又赶上了好的创业环境。合适的时间，跟合适的人，产生了合适的想法，就做起来了。”

封装盒子的最快纪录

任牧三人讨论“青年菜君”时考虑的第一个问题是：要不要做配送。“当我们还在讨论细节的时候，‘小农女’的新闻忽然曝出来了，当时第一感觉：有人抢在我们前面了。”

“小农女”送菜（腾讯离职员工在微信上卖半成品生鲜）一度火爆，但6个月后宣布失败，主要原因就是写字楼配送成本过高。“我们调研后发现，所谓的生鲜电商都有这个问题——最后一公里冷链宅配的成本太高了，线下的人力物力花费也多，难度很大。我们就决定不做配送，让用户自提。”

“青年菜君”的初衷，是让用户网上预订、线下自提。但在任牧看来，这种消费习惯的改变需要时间，得先从线下的店面做起，吸引第一批用户。他们选中了北京北部的回龙观地铁口——一出地铁，这里就有850万平方米的超大规模社区。

把产品放在离用户回家最近的地铁站，被任牧戏称为“抖小机灵”。“我们发现，进出地铁的那群人，无论是收入还是工作规律性等各方面，刚好是我们调研后认为最有价值的用户。地铁这种出行方式，天然帮我们鉴别了目标受众。”虽然当时任牧也认识到社区是非常有价值的，但资金有限，如果直接去“砸”社区，结果只可能是悄无声息地来，再悄无声息地死掉。“地铁口人流量足够大，性价比高，哪怕把所有资金做一个店，我相信还是能砸出一点声音来的。”

那么问题来了：地铁口属于黄金位置，店面全是满的，怎么办？任牧和陈文便天天跑地铁口去跟商家聊。“我们说，你跟我合作，让我在店里摆一个冰柜。结果聊着聊着，有一家鸡排店迁走了。”他们赶紧找到了业主。业主对他们做的事并不看好，怕他们干两个月黄了还得重新招租。他们就天天去磨业主，直到有一天，业主说：“我没空，今晚我要去北大搬家。”陈文说：“搬家？我们帮你搬啊！”就这样帮着业主搬了一宿家。业主终于被他们的真诚打动：“这帮年轻人也不容易，有这劲头保不齐能成呢！”就这样，店面拿下了。2014 年 3 月 3 日，“青年菜君”第一家实体店终于在回龙观地铁口开张了。

比起其他店，任牧他们把“青年菜君”店的门脸特意做得更高，照明做得更亮；半成品净菜一盒盒码得整齐，还搭配着油盐酱醋等调料，又干净，又整洁。“门脸不一样，别人才会好奇这店是干什么的，进来一看刚好想到晚饭还没着落呢，这菜也不贵，就试一下吧！我们的第一批用户，就是这么来的。”

菜品要想吸引人，一要新鲜，二就要刀工专业。在团队只有三个人时，“青年菜君”第一件事就是挖来了“兰会所”的头牌砧板师傅。那时任牧三人在回龙观租了个三居，又在底商租下了一个废弃的超市，建起了最早的“中央工厂”。“第一次打开门走进去，里面一片狼藉，我们就自己刷墙，重新弄。”

那时“青年菜君”的一天是这样的：每天早上七八点，先由一个人去永辉超市提货采购，然后大家一起完成清洗、择菜、装盒、分装等任务。初期人手少，每天一两百份菜，差不多到下午三点半才能全部准备好。很长一段时间内，任牧都保持着“青年菜君”内部用保鲜膜封装机封盒子的记录——不到两秒一个：“保鲜膜抽出来，从盒子上面拉过来，前面刀片‘咔’一下，这边一封那边一封，顺手把 LOGO‘啪’地一贴，完事儿。”

打造线下线上的闭环

“青年菜君”开店第一个星期生意不错，但同时库存损耗也“很可怕”。因为没有对市场的明确预估，三个人一合计，第一天就拍脑袋封装了 200 份菜，青椒肉丝、尖椒土豆丝，从 8 元到 20 元不等。他们还封装了 200 份香菇油菜，买菜就送。但当天最后卖出了 100 多份菜，剩下的只能全部处理掉。毕竟都是自己的心血，几个人舍不得一下倒掉，就一盒一盒地往垃圾袋里扔。“扔得太心疼了。”任牧回忆道。

库存损耗的问题，也让他们决定了“青年菜君”的网站下单模式：前一天下单，第二天店面自提。“我们按照订单采购制作，这样就把库存损耗的大坑给绕过去了。”在这个过程中，他们渐渐掌握了大概的订单量，也慢慢摸到了一些规律：“比如周一和周五销量完全不一样，周五就是多，周一就是少。因为周末无论是在家还是出去吃，总有打包或剩下的，很多客户周一就不买新菜。”

网站上线后，“青年菜君”立即在店面做起了宣传，并在网上给予菜品一定的优惠，吸引更多人去线上订餐。“有的人下班晚了喜欢的菜卖完了，我们就跟他说，上网订去啊。当顾客发现线上预订有保障且价格更低时，他就从线下被拉到了线上，最终再回到线下自提，这样一个消费的闭环就实现了。”

为了锁定用户，“青年菜君”在口味方面会根据用户的反馈及时调整。“用户们天然就有吐槽的好习惯，一觉得味道不好了，就会在网上或微信公众号上吐槽，说今天芹菜切得太长啊、不好熟等，我们就接受这些建议。”“青年菜君”曾经有道菜叫“番茄火龙果炒鸡蛋”，有用户说这个菜加番茄酱炒更好吃，色彩也更好，第二天每个盒里就多放了一包番茄酱。此外，菜单也会定期更新，提倡营养搭配。凭借着非常快的响应速度，“青年菜君”的用户开始一点点增长，在开张一个月后实现了单店盈利。

哪怕让客人多站半分钟

就在“青年菜君”一切上了轨道的时候，一件事情却把任牧吓坏了——进入 2014 年 7 月后，网上订单忽然出现了大幅下滑。任牧赶紧从后台给所有用户发私信询问，结果用户的回复是天热了不想吃饭，或天热不想做饭。“当时我一听就傻了，根本没想到。这哪成啊！当天我们就商议，既然这用户购买频次下降，只能把用户基数做大。”看着地铁的穿梭人流，任牧开始拼命想：“怎么样才能用最便捷的方式让用户接受‘青年菜君’？怎么能让这些人自动停在我面前呢？”最后他决定现场炒菜。

“其实刚做‘青年菜君’那段时间，地铁店每天四点半开业，我们基本没正经吃过一顿晚饭。所以我们知道下班那个时间点每个人有多饿，对饭香完全抵抗不了。”于是，“青年菜君”店员就在地铁口现场炒菜，浓郁的香味很快吸引了不少人。他们又将炒好的菜分成小份，让人们免费品尝。“人经历了一天的工作再挤一小时地铁，整个人都不好了。一出来闻见味儿，寻着香就来了。这种方式非常能聚人。此外，现场烹饪，用户就可以目测这个菜从拆开包装到炒好盛出来的全过程，而在他们停下来试吃的过程中，我的工作人员就有机会去讲解‘青年菜君’是什么。这边明明白白看着，很多东西都不需要讲解，两三分钟足够了。”

炒菜炒了两个星期，用户有了明显的提升。但任牧觉得还不够。于是，他就在现场搞起了抽奖的活动——在店前摆放一个金蛋、一个银蛋，银蛋是扫码抽代金券，现抽现用，用于拉新用户；金蛋则是刺激老用户消费，但凡线上下单来提菜的就可以抽，里面的优惠券面值更大，还有锅、电饭煲、iPad 等奖品，抽中的人可以直接拿走。任牧还记得有人抽中 iPad 的那天。“奖这边刚抽出来，我一抬头，眼见又有一辆车进站了，就赶紧拉住中奖者，让他拿着奖品在店面前合个影。我的目的很简单，乘客马上就要出来了，得让他尽可能地在我店面门口多待，哪怕多待半分钟，就多几百人出站看到这情景啊，必须等！”一个星期后，销售量比做试吃时又提升了 70%～80%，一天能卖到 200 多单。

现场炒菜、抽奖、送“土豪”茶叶蛋，任牧每天都在想各种办法，抠各种细节，无所不用其极。“这些完全是被逼出来的。那时我们没有太多钱，无论代金券还是礼品，让利是很心疼的，当然希望影响越大越好。很多东西想是想不出来的，只有到那个时候，你才真能理解被逼的概念。”

“青年菜君”的三个“门槛”

2014 年 5 月，任牧认识了创业投资机构创业工场创始人麦刚，并获得了来自麦刚的天使投资。“麦刚也是人大的师兄，他很看好我们，几乎每天都要给我们约七八拨人，我们就去和各机构、投资人谈。”8 月份，“青年菜君”拿到了第二笔投资。运用这笔资金，“青年菜君”将中央工厂搬到了东南五环外将近 2 000 平方米的地方，并引进了日本技术的洗菜流水线。此后，带有冷链功能的自提柜研发生产、线下的渠道铺设、核心团队的搭建步步展开。截止到 2015 年 6 月，“青年菜君”团队已达到近 100 人，自提柜覆盖的社区有 160 多家。

在任牧看来，“青年菜君”追求的核心竞争力是三个：一是品牌；二是供应链；三是渠道。“刚创业时面临很多质疑，有人问：你这个业务没有门槛，谁都可以做，怎么能保证不被复制？那时我确实回答不了这个问题，唯一能做的就是尽量比别人跑得快。到现在，我能看到我们的竞争力或者说‘门槛’，就是上面这三个。第一个是品牌，当你的品牌被认可或者代表一群人时，别的商家就很难再撬动这群人。第二个是如果想规模化，必须有完备的供应链。我们目前是前一天下单第二天取货的模式，未来还计划发展为当天下单、取货，这对供应链的响应速度要求很高，前端采购、食材加工、物流配送等各个环节，都需要寻求第三方的合作。这里面的细节和门道是很多、很复杂的。第三个是渠道，我们希望通过‘青年菜君’的半成品菜来切入生鲜冷链物料的同城仓配领域，这个渠道本身就有足够大的价值。到时我们提供的不仅是贴着‘青年菜君’LOGO的产品，还可以提供渠道给别的有冷链要求的商家。”虽然这还不是“青年菜君”现在手拿把攥的竞争力，但这是任牧他们的目标：“希望以后这是能代表‘青年菜君’独特价值的地方。”

把创业的动机想明白

作为“青年菜君”的联合创始人，任牧现在负责一切对外事务，一天只有午饭大概正常，睡眠时间也被压缩得厉害。随着“青年菜君”越做越大，任牧坦诚确实有压力，“毕竟不可能像刚开店那样想怎么做就怎么做，顾虑多了。最近新开的店用户数量上不来，忽然有几个同事要离职，这些都是压力。但都不是持续的，顶过了也就过了。”

回想起以前的工作，任牧觉得就像一场梦：“那时好啊，可以偷闲，但你只能在一个行业里接触一方面的东西。而创业某种程度上说是让你用一年的时间去见原本要花三五年见的人，了解原本三五年能了解的事，收获原本三五年可以获得的经验和成长。如果不创业，你永远无法知道这个圈子里大家都在干吗，都有哪些新玩法、新模式。所以不管怎么样，我觉得创业是一种更有效率的生活方式，现在的我比以前更积极。”

谈到创业的开端，任牧觉得他们仨都不算有勇气。“那种有想法就立马辞职不干，一头扎下去做的才是有勇气。但那是不是可以叫作真正的勇气，不好说。我们的初衷还是希望能做一件靠谱的事。说实话，年纪也摆在这里，身上又背着各种贷款，不可能像以前那么任性。你既然选择创业，必然要选择付出很大成本，所以我们要做调研，确定靠谱后再辞职。”

对于创业的动机，任牧想得很明白。“就看你创业图什么，像我刚开始决定做这个事，是因为以前许多想法没办法实现，这是我最直接的动机。那如果你要是开始就想上市、赚大钱、出人头地，就一定要想好，因为你要知道这在所有创业者中的概率是非常低的，这必然会背着很大压力。反之，如果你把创业理解为去收获一段不一样的人生，获得一种从未经历过的体验，那就没什么好害怕的。只要你以一个真正创业者的状态来做，就一定会获得这些。”

创业就像坐过山车

“青年菜君”的确给了任牧一段不一样的人生和体验，但体验并不见得总是美好和让人如意。在任牧讲出他自己创业动机的这段话之后两年时间里，他的人生和“青年菜君”一起经历过山车般的体验。

2015 年 7 月，任牧他们纠结了一个多月之后，决定把“青年菜君”的产品从社区自提转向配送上门，并在之后的四个月时间里咬着牙把之前铺设的 160 多个社区自提点全部撤回。“这简直是把自己之前坚持的方向彻底否定了。”任牧说。“不过我们自己明白，随着整个市场环境和关联业态的发展，‘青年菜君’可以用让用户体验感更好的配送上门服务来升级自提服务了。”这一变化为“青年菜君”带来了很多媒体和舆论的非议，但更重要的是，将“青年菜君”推上了真正的加速车道。十个月后，“青年菜君”的订单量已经从当初的每天几百单上升到了最高超过 8 000 单。而这个数字，距离“青年菜君”财务预测模型中的盈亏平衡点已经相差不远。

按照任牧的设想，“青年菜君”将会沿着这条路一直发展下去，成为一家主流的生鲜电商平台，上切入供应链，下切入物流，最终成为生鲜半成品行业标准化的制定者和实践者。就在一切都顺利发展时，一个意想不到的危机正在静静地等待着任牧和“青年菜君”，准备给快速奔跑的他们突然而致命的一棒。2016 年 7 月，之前跟进了半年时间的 B 轮投资机构突然“跳票”。“感觉像是参与到了一部‘狗血’的电视剧，”任牧形容，“实在没想到这家基金会在这种时候爆发内部矛盾，最终竟然因为基金被审计封账，算上我们在内的几个项目都当了炮灰。”

预期而来的融资中止，让“青年菜君”面临着上千万的负债压力。“在这之前，我们花了大量的资金与资源对‘青年菜君’的服务能力进行升级，已经做好了当天预订、2 小时内配送的各方面能力储备。”任牧在事后反思，“主要还是太确信这笔融资能够最终到位，毕竟这家基金最大出资方的 LP（有限合作人）还给我们做了一笔过桥融资，所以在做财务计划的时候确实太冒进了。为了保证能按原计划年内实现盈亏平衡，在投资方没有把钱给我们的时候，通过债务的方式去保证发展速度与节奏，没有做相应的风险控制。”

对每个人都有所交代

在深陷“跳票”风波后，媒体上一度充斥着对“青年菜君”的质疑和真真假假的爆料。很多朋友替任牧感到担心。“那段时间只要有报道，就会有各种朋友用微信转给我，关心我，给我加油打气。我总是会回复他们，起码我个人还不错，我顶得住。”

但任牧的状态并不像他给朋友们的微信回复那样轻松。“那段时间每天白天连着出去见人，和各种机构、各种人沟通解决‘青年菜君’困境的办法。晚上根本不能回家，回到家只要往沙发上一坐，忽然闲着没事情做，就觉得是在浪费时间。现在看来，那会儿真的是焦虑。我就深更半夜去我家旁边的大学体育场跑圈。一开始跑四五圈就累得不行了，我就告诉自己把跑步当成是做‘青年菜君’，多坚持一圈，再多坚持一圈。结果后来真的从心态到身体状态都好起来。很多朋友看到我，都觉得我被那段时间的压力折磨瘦了，我就笑着告诉他们，其实是跑步跑得。”

在解决“青年菜君”的债务问题上，任牧也在不停地奔跑。

“青年菜君”的债权人包括欠薪员工、供应商，以及为公司借款的老股东。在那之后的几个月时间里，任牧几乎与对“青年菜君”的业务或资产表示出兴趣的每一个人都见过面。然而，这些尝试和努力不仅无偿，甚至几乎绝大多数都无果而终。“其中大部分都是不靠谱的，希望来捡个便宜的。”与此同时，任牧和陈文还要经常应付来自欠薪员工的各种要求，以及供应商的纠缠甚至威胁、恐吓。“用最大的耐心和努力来解决问题吧！我们研发的产品信息和数据比较好处置，工厂有些生产加工设备也能想办法处理掉。总之每得到一笔钱，就先按照比例给员工发了，债务能处理一点是一点。只不过是想对每一个人都有个交代。我把吃奶的劲儿都使出来了。”有一天，任牧忽然接到其中一位员工的电话。这名员工在电话里对任牧说：“今天这个电话不是为了找你要钱，就是想告诉你我的新工作，还有欠我的那部分工资我不要了。我知道这么长时间你一直在为‘青年菜君’和我们的事情忙活，谢谢你！希望你也能早一点放下‘青年菜君’，开始新的工作和生活。”

需要给交代的不仅仅有员工、供应商和股东，还有“青年菜君”的用户们。“我们有一个高频消费用户的微信群，在‘青年菜君’业务暂停后几个月的时间，还是不断有用户在群里关心和想念‘青年菜君’。甚至有不少用户问哪里还有类似的半成品可以买，说没有‘青年菜君’之后很久没有在家做过晚饭之类的话。我觉得，最不能辜负的，就是这些用户。”2017 年初，“青年菜君”的储值用户收到一条短信，告知他们“青年菜君”业务升级，他们的储值金额可以继续消费，并附上了一条短链接。“我的微信之前加过很多‘青年菜君’用户，他们收到短信后都来对我表示祝贺。其实，为了解决用户储值，我们想了很多办法，终于找到另外一个做生鲜电商的朋友，让他帮我接了这部分用户的储值。好在赶在了春节之前，没有把猴年的承诺带进鸡年。”

“有一个精彩的开始的确很难，但做一个有尊严、不后悔的结束更难。”至少任牧从来没有后悔过。

程存旺：

快乐农夫，实践博士

人物名片：

程存旺

2007 级农业与农村发展学院硕士研究生

2010 级农业与农村发展学院博士研究生

诚食（北京）农业科技有限公司董事长兼首席执行官

常州市嘉泽镇孟津桥下有一个特别的地方，它是一个占地 270 多亩，名叫“大水牛市民农园”的农场。嘉泽镇是中国花木之乡，环境优美，风景宜人。盛夏的清晨，天刚蒙蒙亮，狗尾巴草密密麻麻，铆足了劲正在和西红柿争抢地盘；田间小径上两只公鸡战斗正酣，吸人眼球；池塘边的阴凉处一只青蛙一动不动，菜叶上的小虫下一秒就变成了它的腹中之物。刚刚摘下的生菜、黄瓜、西红柿、茄子和水芹等已经装在菜箱里，一会儿就会被送到常州市区那些“大水牛”会员的家里。这不是一处普普通通的农场，它很有可能成为小型家庭农场的孵化器，甚至是现代服务型农业的试水者。

“小毛驴”萌芽成长

程存旺，他的名片上并排印着三个身份：博士、董事长、农夫。虽有诸多头衔加身，但他总爱自称自己是个农夫。

他和妻子石嫣都求学于中国人民大学，读博士时师从知名“三农”问题专家温铁军教授。程存旺个子不算高，圆圆的脸上总是面带微笑，走起路来健步如飞，整个人充满活力。

程存旺的本科专业是工程管理与房地产，与农业丝毫不沾边。他和农业的种种渊源其实与一场美丽的邂逅有关。大二暑假前他在地摊购买了一本《中国农民调查》。这本书描绘了中原农村日渐凋敝衰败的景象，以及农民在税费负担和农村经济重压之下的悲惨生活。书中描绘的景象与程存旺儿时所感受到的山水田园诗歌般的农村存在巨大差异，这激发了他通过行动扭转农村衰败现状和改善农民生活的意志。确定了自己感兴趣的研究领域之后，程存旺开始广泛阅读“三农”领域的各类书籍。

之后由于关注到温铁军教授带领大学生团队发起乡建运动，程存旺就立志考取温老师的研究生，系统学习“三农”知识，深入研究“三农”问题。凭借着兴趣爱好的支撑和充分的专业课知识准备，程存旺成为了中国人民大学农业与农村发展学院的一名研究生。程存旺与石嫣同在一个师门，由于石嫣比他早入学一年，两人遂以师姐、师弟相称。一对恋人拥有同一个梦想和同样的志趣，这无疑是令人羡慕的。

在理论学习过程中，程存旺了解到：当前的化学农业不仅带来食品安全问题，而且造成了严重的环境污染，农业已经超过工业成为部分水污染的最大来源。在数据库中一搜索，有成百上千解决食品安全问题的文章，现实却是每况愈下。程存旺认为：与其在书斋中坐而论道，不如“投笔从农”，将理论运用到实践当中，探索将两者完美结合的理想之路。

2008 年，导师温铁军教授代表学院与海淀区政府商谈建立试验农场的合作，程存旺和石嫣作为校方代表参与项目运作。在正式操盘项目之前，石嫣被派往美国学习 CSA（社区支持农业，简称 CSA）农场运营管理，程存旺则前往海淀区的农村学习生态农业技术。等石嫣回国后，他们就启动了试验农场 CSA 模式的落地工作。2009 年第一次对外招募会员，年初计划招募 60 户，招募任务在 6 月份就完成了，不少人大老师成为第一批会员。到了 2009 年底，预约成为 2010 年蔬菜宅配会员的人数已经有 230 多户，这标志着 CSA 模式在“小毛驴”农场试验成功。2011 年农场已经有接近 800 户的会员，2012 年会员突破 1 000 户。显然，CSA 在北京这种一线城市有着巨大的商机。

程存旺和石嫣的爱情也随着事业的发展而不断升华，“小毛驴”农场见证了他们 700 多个日夜的同吃、同住、同劳动，也见证了他们对爱情更加坚定的心。2011 年 10 月，爱情的种子自然而然地开花结果了，程存旺和石嫣在“小毛驴”农场举办了一场自行车婚礼。程存旺载着坐在后座的石嫣，在乡间小路上缓缓驶上农场临时搭建的舞台，接受亲朋好友的祝福。

“大水牛”落地生根

2013 年常州市政府作出生态农业和现代农业的整体规划，关注到了媒体对“小毛驴”农场的报道，于是就邀请程存旺到常州复制一个“小毛驴”项目。为了推广 CSA 模式，通过对常州社会经济水平的评估，程存旺认为常州的中产阶级占比适合 CSA 项目的发展，于是欣然同意。因为水牛是常州稻作地区传统畜力，农场便被取名为“大水牛农场”。就这样，“大水牛农场”在常州市嘉泽镇诞生了。“大水牛”属于社区支持农业的运营模式：雇用当地农民进行生产；消费者预付生产费用，与农民共同承担来年农业种植过程中可能会出现的风险；种植过程不使用化肥、农药和除草剂；一个三口之家每周所需大概要两次配送，每次上门配送一箱包括七八个品种、质量约 7～8 斤的蔬菜，年费大概 6 000 元，平摊下来售价约为 11 元一斤。

常规农业体系的自然风险和市场波动风险完全由生产者承担，而食品安全和健康损失则由消费者承担，环境污染由全社会承担。CSA 模式最大的优势就是让生产者和消费者共同承担有机农业的风险，消费者提前预付菜金，生产者可以拥有稳定的资金流来保障生活，并且避免了市场价格波动带来的收入风险。市场对蔬菜品种的需求多样化，但存在一个共性需求，就是安全和健康，CSA 满足了这个共性需求。

因为考虑到环境污染和食品安全问题的隐性成本，所以“大水牛农场”产品价格较高。一部分重视食品安全同时又有一定经济实力的消费者会主动联系“大水牛农场”，程存旺和他的团队便会邀请这些消费者来农场考察。眼见为实，这些消费者在加入 CSA 项目成为会员之后，也会把这种健康的模式介绍给身边的亲朋好友，良好的口碑推动他们的亲朋好友也加入 CSA 项目，这是“大水牛农场”蔬菜一种重要的销售途径。同时经过调查和分析，程存旺发现，家里有 0～12 岁婴幼儿的家庭对食品安全的关注程度远远高于其他年龄结构的家庭，于是在中产阶级聚集的社区，程存旺和他的团队会针对上述家庭进行精准营销。

2012 年 5 月起，程存旺和石嫣开始经营“分享收获农场”。“分享收获农场”采用 CSA 模式的经营理念，倡导健康、自然的生活方式，并希望重建农村和城市社区和谐发展、相互信任的关系，为成员提供健康、安全的农产品。“分享收获农场”在营销推广中与互联网结合程度高，农场拥有认证的微博和微信公众号，在淘宝、微店上开设了电商门店，利用电商平台招募会员，销售农产品。

在组建团队时程存旺费了很大功夫，挑战主要在于人力资源。现在的农业生产面临后继无人的重大历史困局，农民普遍老龄化，青壮年农民很稀缺，要找到精通有机农业的专业技术人才更是困难重重。程存旺的农场员工主要由当地农民和招募的大学生组成。程存旺为当地农民员工提供就业岗位，购买保险，与当地的村民相处融洽；对大学生员工的管理和普通农民员工并无太大差异，整个团队同吃、同住、同劳动。大学生员工的流动性很大，一般人都接受不了农场的工作和生活环境，留下来的很快成为农场的骨干。农场为大学生员工提供食宿、社会保险，平均工资在 4 000 元左右，而农场经理月薪可以达到 10 000 元。

虽然困难不小，但程存旺对未来团队的发展壮大有着很大期待。他认为有三个因素能够在未来吸引越来越多的大学生投身于农场的发展。一是就业难，很多普通高校的毕业生并不能顺利找到合意的工作；二是 CSA 良好的发展前景，一部分大学生憧憬农场主的生活，希望通过实践学习，未来自己做农场主；三是 CSA 承载的社会和环境道义会吸引一批有此志向的大学生加入。程存旺相信，在不远的未来，一个 CSA 农场主的收入会超过普通白领的收入，达到城市高级管理人员的收入水平，同时他们还能享受更多自由时间和更好的办公环境，以及更优质的食物。

程存旺要求生产部门的年轻人一定要下地亲自干农活。在欧美，年轻人已经更多地投入了农业中，而中国的农业劳动力已经面临断代的危险。程存旺希望农场里的年轻员工能够把农业生产这个接力棒接过来，他要求大学生员工敢于尝试农业生产的各个环节。程存旺坦言，经过这几年的农业生产，他向老农民学习了大量研究生阶段接触不到的实践经验，对于农业生产具体过程有了更多的了解。实践在某种程度上颠覆了他在学校学习的理论，但在研究生阶段培养的思辨能力及切中要害的问题意识在农业生产实践中起到了不可忽视的作用。

诚食公司与好农场

2014 年 12 月，程存旺在顺义区注册了诚食（北京）农业科技有限公司。公司名字的寓意源自“诚实食物”四字，暗示公司的追求是让最真实的食物找到最真诚的食者，同时“诚食”两个字也是他和妻子姓的谐音。

随着会员数量的猛增，农场会员由原来的 10 多户发展到现在的 600 多户，会员信息处理工作变得越来越繁杂，CSA 项目平均每周要处理约 20 000组数据，其中包括农园生产信息、会员点菜信息、配送信息、账户信息等方面，而淘宝等电商平台并不能解决上述复杂的信息管理问题。遇到的问题是挑战，也是商机。在一次配送出错之后，一位从事投资的会员提出，开发一套信息系统来解决信息处理的问题。开发信息系统虽然成本很高，但全行业都需要信息系统，很有商业价值；同时也能够促进 CSA 行业的发展，解决更多土地的保护问题和更多家庭的食品安全问题，社会价值不可忽视。经过慎重考虑，程存旺将农场交给爱人石嫣，彻底从农场主转变为 IT 公司的 CEO（首席执行官），专心投入这套系统的研发中。

经过半年多的研发，“好农场”APP（手机客户端应用软件）完成了农场管理信息系统后台的研发。网站推出不到一个月，全国已经有 30 多个省市的 250 多家农场及合作社开通了后台账号；此外，“好农场”APP 的会员端也已经完成 70%的研发工作，在北京、上海、广州、西安等城市的 CSA 农场中进行测试。

程存旺的妻子石嫣也是有机农业领域的明星人物，并在 2016 年的世界经济论坛上当选“全球青年领袖”。夫妻俩同是中国社区支持农业的重要推动者。对一路相伴的妻子，程存旺想说："好好休息，少熬夜。"从农场主到互联网 CEO，程存旺三年实现三级跳。对"三农"的理想状态，程存旺总结为 16 个字：生态农业、环保农村、农民合作、城乡互助。一路走来，他用"得道者多助"解释自己不断前行的原因。

满怀对中国农业的责任和对 CSA 的热爱，程存旺和妻子迈出的步伐无比坚定。

管立军：

我是“职位”的搬运工

人物名片：

管立军

2012级商学院硕士研究生

百职科技（北京）有限公司创始人兼首席执行官

两年前刚刚从中国人民大学硕士毕业的管立军，如今已是佰职网的创始人。他选择在2016年最后一个工作日，在母校举办佰职“职场盛会”。管立军这样解释这个安排：一是佰职网是从中国人民大学走出去的创业项目，无论未来飞得多高多远，根在这里；二是以这场职场盛会作为2016年收尾活动，意味着佰职网会不忘初心，本着“人尽其才，物尽其用”的理念，坚定不移地在这条路上走下去。

趁热血尚未冷却时

大学毕业之前，计算机专业出身的管立军并没有选择创业，而是开始了自己的求职之路。“现在想想当时的日子，真的感慨万千。当时正逢金融危机爆发，求职难度之大，无法想象，所有时间都用来写简历、改简历和浏览职位。”当时管立军同时注册了几个求职网站，如智联招聘、中华英才、前程无忧等，由于在每个网站都要重新搜索信息，填写个人简历，所以常常都要熬到深夜才能完成当天的全部职位投递。另外，那个时候信息传播的便利程度不像现在，想去其他学校参加宣讲会，需要找到那个学校的同学打听。

求职艰难、过程烦琐、费时费力，这是管立军自己深切的感受。他知道，这种焦虑也是全国每年几百万毕业生，甚至不计其数在职人士共同的痛点。虽然新的招聘产品的诞生，能给求职者的这种困境带来一定的改善，但在新产品上注册和填写简历耗费的精力，以及未知的求职效果，又给求职者带来了新的苦恼。能否把这些大型求职网站的职位信息整合在一起，建立职位搜索引擎，填写一份简历，就可以直接投递到其他网站上？从那时起，这个想法就萦绕在管立军的心中。

惨烈的求职季结束后，管立军进入了一家央企工作，不久便从计算机这个老本行转到集团总部投资业务的新领域，跑工地、组织会议、做投资预算等等。管立军慢慢从“职场菜鸟”升级成为处变不惊的“职场前辈”，开始参与和负责公司很多大型项目的考察与评估。他也在累计百亿级金额项目的前期可行性研究和投后管理中，修炼出自己的“火眼金睛”。“在首都中轴线北段最高的建筑中工作，一度让我感到非常自豪，也学到了太多的东西。我希望有一天，能够站在自家的阳台上，望着世界上最卓越的公司说，我曾在那里工作过！”管立军说。“但是，我也期待自己参与一个企业的创立和成长。本科毕业前的经历在那两年一直纠缠着我，想为奋斗在求职路上的人们做点什么，也想要抛洒自己尚未曾冷却的、对世界的激情和热血。”

一场男人与男人之间的谈话

心中有了对创业的初步构思后，管立军开始利用周末时间跑一些创业沙龙。“我知道，自己经营一个企业和打工完全是两个概念，如果不能提前做好充分的准备，有可能迅速被市场淘汰。”那段时间，中关村大大小小的路演和讲座中，都会看到管立军的身影，不但补习了创业的知识，也结交到一些志同道合的朋友。

2014 年 12 月，管立军正式发起了佰职网项目。“当初我花了三个月时间进行项目的市场调查和国内外竞品分析，这个项目最初打动了我自己，我觉得也能打动其他人。但真正启动，需要用严谨的数据说话，而不是想当然地自我陶醉。”管立军说。“市场调查的结果很好，我又利用之前学到的投资风险评估知识，为佰职网项目进行了一轮详细的风险评估，把各个环节能够想到的风险全部列举了出来，甚至给出了初步的应对策略。这次我需要说服的不是消费者，而是投资人，甚至也在说服我自己。”

在管立军做着各项准备的时候，他在校期间的小伙伴，现在百职科技的 CTO（首席技术官）徐立恒，当时正在中科院做人工智能方向的研究。他对管立军的为人和能力十分信任，也与管立军同怀一腔亟待宣泄的激情，于是他也开始兼职参与这项尚未面世的事业。但两人当时都是兼职创业，随着佰职网项目的渐渐推进，他们感到越来越力不从心了：“一方面是时间和精力有限，开始的时候因为事情不多，我还能把工作和创业安排得井井有条，但是随着项目发展到关键时期，我发觉两线作战可能是个大坑，随时都能够让我们摔得粉身碎骨。”管立军说：“其实除了时间问题，最重要的一个问题就是投资人不会信任一个有退路的创业者，他们觉得你可能就是玩玩儿，遇到大的困难也许就退缩到安全区了。”在这个过程中，管立军有的时候也会在心中质问自己：“你真的做好义无反顾地去创业的准备了吗?”一次又一次的自我质问，他都没有明确的答案，直到代表中国人民大学参加完“第十三届中国 MBA 创业大赛总决赛”，回京的航班晚点，管立军和徐立恒两人在机场进行了一次彻夜长谈。

那是一班从上海到北京的飞机，因为天气原因，两个人从晚上十点滞留到第二天凌晨三点，开始的时候觉得特别焦躁：怎么摊上这么倒霉的事情? 后来索性不去管它，就在候机厅的椅子上，管立军和他的 CTO（首席技术官）开始了一次“男人和男人之间的谈话”。

回忆到这儿，管立军的表情微微有点严肃，好像已然回到当初那个决定命运的夜晚。“我问他：为什么不辞职？他也反问我：为什么不辞职？我俩当时都笑了，因为知道原因，但是都不愿意说破。一个东北人，一个浙江人，在北京这种大城市独自打拼，面对家里的期待甚至压力，我们都有自己的顾虑。可成年人都有顾虑，关键是你愿不愿意去承担，既承担胜利的荣耀，也承担失败的后果。”直到飞机起飞的时候，他们并没有做出任何约定。当飞机降落在首都国际机场之后，管立军没有回家，而是直奔公司，在上午十点钟递交了辞呈。随后，徐立恒也离开了中科院，正式加入百职科技。

是骡子是马，拉出来遛遛

2015 年的 5 月，人大商学院举办“创业大赛”和“中华之梦”人大赛区选拔赛，从未参加过类似比赛的管立军有点心动了。当时百职科技的团队一共有六个人，大部分都不赞成参赛，因为以信息为核心的互联网公司，参加比赛有可能会泄露商业机密，造成意想不到的损失。但作为创始人，管立军却有着不同的想法：“创业团队很容易陷入一个误区，就是认为自己的项目是最好的，就像父母看自己的孩子，怎么看怎么喜欢，怎么看怎么漂亮。我觉得需要把项目放在一种客观的环境下，让别人提供不同的视角给你。真正的好想法不怕展示，是骡子是马，要拉出来遛遛才能知道。”在管立军的坚持下，百职科技终于决定参赛。但此时距离比赛开始只有两天时间了，团队彻夜不眠，终于准备出一份商业计划书，赶上了报名。因为时间太紧，当时他们拿出来的计划书还略显粗糙，可是现场的效果却出乎所有人的意料，佰职项目获得了商学院2015年创业大赛的冠军，并同时拿到了学校仅有的、参加“第十三届中国MBA创业大赛”全国总决赛的入场券。

在这次比赛之后，百职科技团队的士气有了质的变化，再加上母校给予的多项支持，公司逐渐进入了上升阶段。2015年9月，他们完成了技术验证的Demo（演示版）开发。年底，佰职Web1.0正式上线，并入选央视2套财经频道《创业英雄会》栏目，完成产品的首次宣传，获得了一定的种子用户。随后根据用户反馈，进行了Web2.0的改版工作。拥有管理学博士学位、经验丰富的前央企高管邵球军也来到公司担任COO（首席运营官），百职科技团队从人数到质量都在迅速提升。百职科技由于前沿的人工智能技术优势、产品理念以及优秀的创始团队，得到了“今日头条”早期投资人的认可，百职科技由此也完成了天使轮融资，公司进入运营阶段。

如今，打开佰职网，给人最大的感受就是交互界面十分简洁、友好，就像他们的创业初衷一样，佰职网力争为求职者提供全网最新、最全的真实职位信息，简洁的搜索界面和精准的职位推荐系统，更方便用户从海量的招聘信息里寻找到理想的职位。另外，佰职网的特色一键投递功能，可以将求职简历进行跨网站投递，职场教育培训栏目还能够帮助求职者答疑解惑。管立军说，佰职网不但要做带领求职者找到工作的搜索引擎，还要做贯通求职全流程的服务，让找工作变得简单快乐，帮助人才实现晋升和成长。现在，佰职网的业务已经覆盖了找工作的各个方面，涵盖校园招聘、宣讲会、实习兼职、社会招聘、职业生涯规划、简历制作与面试辅导、职场竞争力提升等。

在丛林中杀出一条路来

谈到百职科技的未来，管立军充满信心，他也开始进一步思考公司长期的发展方向。“创业者就像丛林里的寻路人，放眼看去，好像到处都是路，但每条路通向何方，没有人事先能够预知。作为 CEO（首席执行官），你的任务就是在有限的时间内，带领团队最快地寻找到一条路。你可以走错，可以试错，但就是不能踟蹰不前。”他说。“当你犹豫不决的时候，公司就会陷入巨大的内耗当中，很多创业型企业甚至是已经成熟的企业，都是被从内而外杀死的。如何做事做人，如何把团队的力量和目光引向一处，才是最难的事情。”

最近，整个团队的目光随着佰职学院的推进，再次聚焦在了一起。“其实求职是频率很低的行为，所以这个行业的用户黏性很弱，我们想除了求职搜索引擎之外，是不是也能够为大家提供有关‘工作’的全方位服务，从为大家找工作，到通过面试获得工作，再到初入职场的适应过程，甚至职场转型帮助。让大家一提到‘工作’二字，就会想到‘佰职’。”管立军说。“由此而诞生的‘佰职学院’在刚刚过去的 2016 年成为了公司的新宠儿，因为我们不再只是面对电脑屏幕上冷冰冰的用户数字，而是把一个个活生生的人请到面前，和他们直接对话，从中你能真实地感觉到自己创业的意义，就是帮助更多的人变得更好。”

百职科技，本着人尽其才、物尽其用的理念，抱着让天下没有难找的工作的愿望，帮助每一个人成长成才。2017 年，对于百职科技，定会是一个丰收年。

余　雷：

教育情怀创客心

人物名片：

余笛

2013 级商学院硕士研究生

彩虹蜗牛教育创始人

天津彩虹蜗牛文化传播有限公司董事长

2016年10月13—15日，第二届中国“互联网+”大学生创新创业大赛全国总决赛在武汉华中科技大学举行。在这次全国最高规格的“双创”赛事中，中国人民大学取得了一金一铜的优异成绩。而在以科技产品居多的金奖团队中，人大学生创业团队“彩虹蜗牛文化教育”作为一个服务类项目，显得格外引人瞩目。余笛便是该项目的创始人、天津彩虹蜗牛文化传播有限公司董事长。

儿时的教育梦

生于湖北，长在教育资源极为匮乏的湘西山区的余笛，幼时就读于希望小学，后转入大城市学习。城乡教育资源的巨大差距使余笛深受刺激，从小到大潜意识中一直有一个梦想：用自己的一生去推动中国教育资源分配更加均衡，让所有孩子都可接受最好的素质教育。

回忆起儿时学校的情景，余笛仍然印象深刻：“当时我所就读的希望小学总共也就10到20个孩子，不分年级地进行教学，而且现在那些地方的孩子还没有接触正规素质教育，所以我一直在想：为什么城市的孩子有那么多教育资源，而为什么乡村孩子的教育资源却如此缺乏？”正是出于这样的思考，余笛带着自己的教育情怀，毅然决然地报考了北京师范大学。在北师大学习期间，余笛时常关注我国欠发达地区的教育状况。他发现在国家的政策支持下，欠发达地区的教育教学硬件设施逐渐完善起来，但是最重要的软件还是很缺乏。他认为，如果按着自己本来的打算去做教师的话，以个人有限的能力，只能改变很小一部分孩子，但是如果选择创业，自己可能会走出一条能够改变中国教育现状的道路。

彩虹蜗牛的创建

早在 2009 年，余笛就做出尝试，创办了“启新教育”。这一步尝试在创业上是成功的，因为它给余笛带来了一笔可观的收入。但是余笛认为“启新教育”与自己本来的初衷是有偏差的。“创业的目的，赚钱是一方面，但是对于我来说更多的是为了实现自己的教育梦想，‘启新教育’虽然能挣到不少钱，但是它并不能帮我实现解决中国教育资源分配不公、素质教育缺乏问题的梦想。”这毕竟只是尝试，尝试过后余笛内心更加清楚了自己想要的是什么。

2011 年，余笛在北师大攻读教育心理学硕士学位。作为资深游戏玩家，余笛开始探索如何能让孩子的学习和游戏更好地结合在一起，一种新的教学方法“全学程沉浸式教学法”也因此产生。余笛和他的团队利用半年的时间创建了第一节全学程沉浸式素质教育课程。在此基础上，余笛于 2012 年创办了彩虹蜗牛教育。彩虹蜗牛儿童素质教育第一家直营店在北京的诞生，正式开启了彩虹蜗牛儿童素质教育之路。

在谈到自己开创的教学方法时，余笛说：“我们要研究的是，如何让孩子真正快乐，在快乐的同时又必须要学到东西。在玩游戏的过程中，我在想：为什么学习不能像游戏一样在故事中快乐地主动探索、寻找知识技能呢？‘三国杀’这样的游戏可以和历史相融合，那数理化为什么不行呢？于是我开始构建以故事为背景，以角色扮演为形式，融入学科知识的‘全学程沉浸式教学法’。就是要让孩子沉浸在我们所设计的‘蜗牛星球世界’中，在玩游戏中学到知识，以达到素质教育的目的。”也正是因为“全学程沉浸式教学法”的超前理念和卓越效果，全国有 400 多个幼儿园和近千个

培训机构都在使用彩虹蜗牛研发的课程体系，平均每年有近 30 万孩子可以享受到这样优质的课程体系。

做成教育界的“迪士尼”

与此同时，伴随互联网的快速发展，一大批行业开始转战互联网平台、“彩虹蜗牛”也借此东风，实现了由实体直营店向互联网平台的转型。如今，“彩虹蜗牛”的互联网版图已经涵盖了直播、视频、论坛、电商、分答等板块。但最吸引人的商业模式叫作“快素学”，是借用了时下最流行的共享经济模式，将社会闲散的场地、老师、学生三大资源进行最佳整合，以最低的成本，最大化满足了社会对儿童素质教育的需求。余笛谈道：“我们开一家直营店，那只能让这个小区域内的孩子享受到我们的课程，但是借助互联网，我们可以让我们的素质教育理念和课程更快地传播出去，让更多地方的孩子享受到我们的课程。其实互联网带给我们更多的是公益心，在此基础上我们的品牌也能传播出去。我们希望‘彩虹蜗牛’能像‘迪士尼’一样影响一代人，我们也希望‘彩虹蜗牛’的世界能成为教育界的‘迪士尼’乐园，能让更多的孩子更好地成长。”余笛在创业的同时，不忘“教育为本”的初心，不忘“让每个孩子都能享受最优质素质教育”的心愿，积极投身到公益事业中去。从2013年开始，余笛就带领彩虹蜗牛团队与中国扶贫基金会展开了深入的合作，将彩虹蜗牛的优质课程配合基金会的活动带到全国各地的偏远贫困地区。三年多来，彩虹蜗牛的足迹覆盖了云南、贵州、湖南、青海、内蒙古等地区，为山里的孩子带去知识的火种。但余笛并不满足于此，他说：“我们还只是小芽，要做的还很多很多。”

最后，余笛谈到了“彩虹蜗牛”的两大企业文化：“师德”与“创新”。他说：“我们的初心一定要正，做老师和创业都是很考验人心性的事，都需要德，也都离不开创新。”作为一个教育工作者，余笛秉持“天大地大，唯我人大”的人文关怀，始终不忘自己的教育情怀。作为一个创业者，余笛说：“我们在探索过程中的每一次创新都不应只为逐利，更应看到的是自己所做的是否对社会现状有所改善，是否推动了教育事业的发展。”

郑庆岩：

“我的西天取经路”

人物名片：

郑庆岩

2013 级汉青经济与金融高级研究院硕士研究生

情怀龟（北京）科技有限公司创始人

"我觉得我迟早有一天会创业，但是没想到会这么早。"2015 年 9 月，郑庆岩决定开始创业，只用了短短一年多时间，郑庆岩的"帮范儿"已覆盖人大、北大、清华、北外、北航、北科、央财等高校，拥有近 3 万多名师生用户。2016 年 11 月，"帮范儿"成功挂牌北京股交所新四板的大学生创业板，成为人大第一支挂牌新四板的创业团队。

然而，现在的这些成就，在郑庆岩眼里，却只是千里之行的第一小步。他散发的气质，向接触他的人释放着强烈的信号：他值得并一定会拥有更大的事业。

善之初，心之向往

"从小到大，我就是一个想因为自己的存在而让更多人变得幸福美好的人。"郑庆岩这样评价自己。2014 年，当移动互联网时代到来的时候，基于当时的技术，郑庆岩觉得自己或许可以利用这个机会对社会做出一些让自己激动的正向改变。当时他在准备出国留学。"当时也蛮认真的，我吃饭的时候，一坐下来脑袋就会想创业的图景，越想越激动，就像烈火般燃烧的感觉。"经过几个月的思考，最终这个年轻人还是决定听从自己内心的声音，决定开始创业。用郑庆岩自己的话说就是："创业本身就是九死一生的事儿，需要全身心投入才可能做成。"因此，在作出这个决定的时候，郑庆岩也曾十分担心。"后来我想到，人本来就是光着身子来的，离开也是光着身子走的，本来就什么都没有，所以也无所谓失去。人生应该做自己喜欢的事情，我们的人生是自己负责的，不需要为别人而活。"想到这里，郑庆岩把所有的质疑和担心都抛诸脑后，放心大胆地开始了自己的创业实践。

信之念，顺其自然

在创业过程中，郑庆岩的心态一直很好。他坦言，自己没担心“能不能做成”这个问题。“我一直相信，世界必须美好，我相信心中想象的理想世界图景一定可以实现，虽然中间会有曲折，但是没有人可以打败趋势。我相信，我们只要上路，一定会实现它。”在整个创业过程中，郑庆岩从不怀疑自己，即使只有百分之一的成功率，他也坚定地相信自己可以做到。他一直强调，“要相信‘相信的力量’”。在郑庆岩心中，当一个人相信“相信的力量”时，很多事情就会变成现实。当然这要有前提，就是这个人的阅历还有自身的水平要够。凭空地相信“相信的力量”只能是白日做梦。等个人对理想和目标的相信、阅历以及修为都达到这个水平的时候，还需要一些其他的东西，比如说个人的认识水平。即使其他的条件都匹配得上，但若没有好的认知水平，别人也不会愿意和其走在一起去做事。因此，这个“相信的力量”是一个催化剂，具有加持作用，但一定要知道它的作用发挥是有一些前提条件的，只要当这几个条件都具备的时候，对自己现在正在做的事情的坚信是可以促使事情发展达到自己的理想状态的。

郑庆岩一直告诫自己，一定要有开放的胸怀，去接受和顺应趋势。他的“帮范儿”也正是体现了他的这种心态与信念，一方面挖掘闲置资源，帮助人们低成本、高效率地解决问题；另一方面通过互助过程改善人与人之间的关系，拉近城市化曾经拉远的人与人之间的距离。至于商业价值，郑庆岩并没有看得太重要。“我从一开始就不是基于商机去走上创业这条路的。我是看到未来世界的美好图景才创业。我把创业当成手段和方式，而不是目的本身。我在创业时先从宏观上看到了未来，看到了未来的图景。

我觉得实现它是一件令人感到足够激动的事，所以我选择通过创业的方式来实现我的目标和理想。"

心之愿，力求最好

在创业初期，因为初始经历、资源有限，郑庆岩决定一定要从很小的点开始切入、做起。经过思考之后，他选择了从社区切入，然后考虑到校园是特殊的社区，所以他决定先从校园开始做起。"B2C"（商对客）有大量的业务，经过调研之后，郑庆岩发现校园快递配送是学生较为高频并且刚性的服务需求"痛点"，而且这项业务之前是一个空白。这个点就成了郑庆岩实现梦想的第一步。他率先提出了"快递公交"的解决方案，创新性地以低成本、高效率的方式解决了校园快递配送问题。最早的时候，"帮范儿"都是免费送快递，通过大量的宣传和推广，最终获得了良好的信任和口碑，形成了几千人的用户规模。但是他们的这一做法也引起了快递从业者的警觉和封杀，其他的快递从业者因为害怕"帮范儿"将来做寄快递业务平台冲击他们原来的运营，所以采用联合封杀的手段去扼杀"帮范儿"的发展，因此"帮范儿"之前的很多次尝试都被扼杀在了摇篮里。"当时的情况就是'四通一达'联合所有快递抵制'帮范儿'，并且每条短信都写着，拒绝'帮范儿'代取，以免丢失。帮取快递业务是我们当时的唯一一项业务，全面被封杀，使公司命悬一线，差点死掉。"郑庆岩回忆时认为这是"帮范儿"创立后最严峻的挑战，但是"帮范儿"团队没有屈服，大家勇敢地坚持了下来。

整个团队经过商量，决定首先和快递老板们进行谈判。但是在执行过程中，郑庆岩的团队发现，底层快递老板根本没有合理回应他们的诉求，只是蛮横地提条件。这种谈判很难收到效果，因此郑庆岩带领着“帮范儿”团队开始寻找业界上层进行全方位的谈判。“那时基本是和时间赛跑，快递方也在争取彼此之间的合作，企图全面封杀‘帮范儿’，来达到彻底垄断本地快递市场的目的。有时候谈判过程就像电视剧剧情一样：第一天说好的东西第二天变卦，或者在谈判的过程中间有另一方也打来了电话，整个谈判不得不终止。我们只能一面和时间赛跑，争取合作，另一面也开始全面的商业战争。”经过漫长、艰苦的谈判之后，“帮范儿”上线寄快递业务，最终也有越来越多的快递方同“帮范儿”开展合作，“四通一达”的封杀最终被粉碎。

在郑庆岩的带领下，“帮范儿”不断成长，很快整个团队就将快递业务做到了行业的最好水平，并且开始瞄准其他要变革的行业，不断扩展业务——2015 年 9 月，上线了快递业务；2016 年 1 月，上线洗衣服、洗鞋业务；2016 年 5 月，上线修理电子产品业务；2016 年 9 月，上线电子产品销

售业务；2016 年 12 月，上线国际机票业务；2017 年 1 月，上线过年特产业务……每推出一项业务，"帮范儿"团队都要做到业界最高的服务水平，并且争取通过多种方法实现更便宜的价格，一再刷新用户的认知。郑庆岩说，"帮范儿"本身的优势是互联网技术、平台流量和"最后一公里"物流，借助现代发达的互联网信息技术，只要同每个行业最优质的供应链结合，去共享"帮范儿"的技术、流量和物流，就会带来整个行业效率的提升、成本的降低以及用户体验的升级，因此他们希望带来的是整个行业标准的提升，以便用户获得又好又便宜的体验。

协之力，和合远行

对于"帮范儿"未来的发展，郑庆岩认为："目前我们体量还比较小，但是在每一项的业务中，我们都坚持了匠心和良心，坚持了认真和创新的精神。"在创业过程中，郑庆岩既感受到了追求自己梦想的那份喜悦，也体会到了创业的艰辛和困难。对于目前中国整个商业尚不规范的环境，郑庆岩坦言，在创业和企业经营方面，没有节操和底线的选手很多。在"帮范儿"的发展过程中，同行对手中总是存在超越底线的不正当竞争行为，这确实给这个本心善良的团队带来过很多的困扰，但是"帮范儿"团队相信世界的美好，毕竟邪不压正。"在见自己、见天地、见众生的过程中，一方面，我们会努力去改变整个的市场服务水平和环境，用创新的方式淘汰劣质选手；另一方面，要推动更好的商业文明的发展，使命和责任重大。"但是无论过程如何，对于自己的对手，郑庆岩仍怀有那颗善良的初心，他认为那些不良的选手也是自我迷失的羔羊，需要救赎。在他心中，他最希望看到的是，有一天，所有的人可以在一个更加公平开放的环境去创业，去追随内心而生活。

“在我们的创业过程中，身边的老师朋友一再相助，支持我们的梦想和事业，给了我们坚定的信心和信念。”对于这些曾经帮助过自己的人，郑庆岩始终心怀感恩，他也希望自己可以为这个时代、为这些善良的人们做出更多的回报。他们扎实的努力换来了业务的飞速增长和发展，2016 年全年“帮范儿”用户数增长 600%，月度销售额增长 1 400%。“我们相信在移动互联网和人工智能时代，我们可以在中国做出如 Google 和 Facebook 那样真正为全球人类自由和幸福作出巨大贡献的企业，希望给每个人一个更好的生活。从让校内没有难办的事儿，每个人的社会起步，我们都与你同在，到明天一起共创美好世界。”对于团队的未来，郑庆岩踌躇满志。

帮范儿团队，是因为共同的梦想、人与人之间相互的吸引、价值观的趋同、能力的互补，逐渐走在一起的。这些人中有身边的同学、有在网上认识的、有在做业务的路上认识的，也有在人才训练营认识的，甚至有在寺庙认识的……因为共同的梦想，他们走在了一起，这些不同的力量组成了一个完美的团队。对此，郑庆岩动情地说：“有人会问创业者要有什么素质，‘帮范儿’认为其实没有完美的单个创业者，但有完美的团队。团队应该具备的素质，可以参考马云的团队素质，包括有理想信念，有坚忍不拔的精神，具备专业的行业能力，有持续创新的精神，看透事物的发展方向，不怕失败，开拓进取等。当然不同的创业者总结经验时会结合自身经历来强调不同的点，有的强调梦想情怀，有的强调奋斗者为本，有的强调坚持，有的强调野蛮成长，但实际上每一点都是必要的，少了哪点可能都不行，我觉得这才是真相。”

创业过程，就像唐僧西天取经的过程：不忘初心，极致创新，劈波斩浪，和合同行，悟得真经，普度众生。

后 记

编写《人大学生创业故事》，是中国人民大学创业学院对母校八十华诞的献礼，也是2016—2017年学校创新创业教育的重点工作。本书旨在充分发挥创业校友的榜样示范作用，启发创新创业意识，培养创新创业精神，普及创业知识，帮助当代大学生树立正确的创业价值观，更加理性地创新创业；同时，也对中国人民大学多年来涌现出的经典创业成长故事作出梳理，向社会全面展示人大学子的理想追求、实践经历以及个人风采。中国人民大学学生就业创业工作领导小组组长兼创业学院顾问靳诺教授、刘伟教授非常关心支持本书的编写，给予了宝贵的意见、建议。中国人民大学副校长兼创业学院院长洪大用教授主持了本书的内容策划，并对编写工作给予了悉心的指导。社会与人口学院、商学院、新闻学院、法学院、国学院等十余个学院，校友工作办公室及各地校友会组织对创业校友的联络及采访等工作给予了有力的支持，提出了宝贵的建议。招生就业处学生就业创业指导中心、党委宣传部新媒体中心、校报编辑部、学生记者团在采访、编写工作中付出了巨大的努力。

在编辑出版过程中，刘强东、张磊两位校友，先后承诺各为中国人民大学捐款3亿元，为母校八十周年华诞献上了一份厚礼！以一系列的大额捐赠为代表的慈善义举，充分体现了人大学生创业者对母校的深情厚爱、服务社会的责任担当，也为本书的出版发行赋予了更加崇高而厚重的意义！编者也借此对上述校友表示敬意！

全书的具体编写人员如下：

中国人民大学招生就业处处长王小虎，招生就业处副处长、创业学院执行院长周荣、执行副院长陈姚，党委宣传部校报主编谢天武、新媒体中心李书慧，创业学院综合服务办公室主任李姗姗，招生就业处原就业办公室副主任于浩。

本书的编写还得到了学生就业创业工作领导小组组成单位、中国人民大学出版社等单位的大力支持。中国人民大学招生就业处学生就业创业指导中心的同仁也对本书做出了重要贡献，在此一并致谢。

由于篇幅和编者水平所限，本辑创业故事在收录数量及内容、展现视角等方面的不足乃至错漏之处敬请读者批评指正，以利不断改进与完善，为今后续编人大学生创业故事指明方向。

编者

2017年7月